Popcorn unterm Zuckerhut

POPCORN UNTERM ZUCKERHUT

Junge brasilianische Literatur

Herausgegeben von Timo Berger

Verlag Klaus Wagenbach Berlin

Dieses Werk wurde mit Unterstützung des Brasilianischen Kulturministeriums/Stiftung Nationalbibliothek veröffentlicht.
Obra publicada com o apoio do Ministério da Cultura do Brasil/Fundação Biblioteca Nacional.

MINISTÉRIO DA CULTURA
Fundação BIBLIOTECA NACIONAL

Wagenbachs Taschenbuch 707
Originalausgabe

Wir bedanken uns bei den Autoren und Verlagen für die freundliche Genehmigung zum Abdruck (siehe Autoren- und Quellenverzeichnis).

Umschlaggestaltung Julie August. Das Karnickel auf Seite 1 zeichnete Horst Rudolph. Gesetzt aus der Sabon. Vorsatzpapier: Gebrüder Schabert, Strullendorf. Gedruckt und gebunden bei Pustet, Regensburg. Printed in Germany.

ISBN 978 3 8031 2707 5

Inhalt

Vorwort

VON MAIS UND ANDEREN GENÜSSEN

Popcorn ist nur ein Snack unter vielen, den die unermüdlichen Straßenverkäufer an der Copacabana feilbieten. Doch *pipoca*, wie man es in Brasilien nennt, kann man auf viele Arten naschen: Die einen lieben es herzhaft mit einer Gewürzmischung, die anderen nur mit Salz oder richtig süß, mit Zucker, Karamell oder Honig.

Anthologien sind Sammlungen kleiner Leckerbissen. Auch die vorliegende möchte da nicht aus der Reihe tanzen und offeriert Lesesnacks, Aperçus, damit man sich die junge brasilianische Literatur auf der Zunge zergehen lassen kann.

Das Kriterium für die Aufnahme der 20 Kurzgeschichten war – zugegebenermaßen – ein zutiefst kulinarisches. Um nicht zu sagen, der Geschmack stand im Vordergrund. Und so dürfte es nicht verwundern, dass in den meisten der Geschichten von Autoren, die zwischen 1968 und 1981 geboren wurden, Lebensmittel, fleischliche oder sublimierte Freuden oder im weitesten Sinne Aneignungsversuche eine Rolle spielen. Wenn auch ironisch gebrochen, schwingt bei den jungen Schriftstellern bis heute eine Stoßrichtung des brasilianischen *modernismo* mit: der Anthropophagismus. Sich alles einverleiben und halb verdaut wieder ausspucken. Doch die heutige Generation ist feiner, sie zieht ein Amuse-Gueule einer kompletten Mahlzeit vor, übergibt sich nicht vollständig, sondern nur in kleinen Happen. Und sie weiß selbstbewusst um ihre Zeitgenossenschaft in einer Epoche, in der alles möglich ist, sogar dass man als Brasilianer (einer aus dem Süden!) nicht über den Dschungel schreibt, nicht über die Favelas und schon gar nicht (weil alle es erwarten) über soziale Unterschiede, Gewaltverbrechen und eine bis heute leidlich aufgearbeitete Militärdiktatur. Nein, lasst uns verdammt noch mal über Literatur reden! Die ist ja heute – wie wir wissen – postautonom, was heißt, dass die Grenzen zwischen Fiktion und Realität, zwischen Erdachtem und Erlebtem, zunehmend verschwinden.

Und so ist eine Anthologie vielleicht weniger ein literarisches Ereignis als ein buntes Sortiment. In dem Bauchladen des fliegenden Händlers an der Copacabana finden wir also:

Eine genüsslich inszenierte Liebe, die aus einer spontanen Anziehung entsteht – der Mann vom Kiosk am Strand, der in Michel Laubs Geschichte ein Mädchen anspricht und mit zu sich nach Hause nimmt. Überraschende Momente sorgen für einen besonderen Kick: zum Beispiel, wenn die junge Beatles-Liebhaberin bei Adriana Lisboa auf einem alten Foto plötzlich ihre inzwischen leicht demente Großmutter wiedcrentdeckt. Und neben ihr: George Harrison! Auch Daniel Galera nimmt diese Liebe für alte Songs auf. Bei ihm ist es »Layla« von Eric Clapton, und mit einer gleichnamigen Freundin durchlebt er jahrelang eine Harry-und-Sally-Geschichte. Und dann hat man wieder auf etwas Neues Appetit: etwa auf die Kroketten, die Andréa del Fuegos Heldin an einem nicht näher benannten Strand in Brasilien ausbacken muss, weil ihr Stecher, kein Geringerer als Roberto Bolaño, für einen Deal nach Peru fährt und nicht wiederkehrt.

Dass ein Ortswechsel aber nicht immer Quelle von Lust ist, beweist Ferréz' Kurzgeschichte: Ein von den Lebensäußerungen der Nachbarn in seiner Mietskaserne gequälter junger Mann zieht in ein anderes Haus. Doch dort wird alles noch viel schlimmer. Von Entbehrungen bis zum verfrühten Tod erzählen die phantastisch anmutenden Texte dieser Anthologie: Santiago Nazarian nimmt sich eines Geisterschiffs an und schildert eine blutige Meuterei. Joca Reiners Terron lässt wie in einem Märchen Monat für Monat ein Mitglied einer Motorradgang im Süden Brasiliens über den Rio Grande do Sul gehen. Und Veronica Stigger zeichnet nach, wie ganz normale Leute an der Supermarktkasse zu Bestien werden. Damit wären die existenziellen Texte vorgestellt, im Weiteren geht es um kleine Fluchten, wie bei Fabrício Corsaletti, dessen Held sich mit seiner Mutter ab und zu im Geheimen eine Zigarette genehmigt, oder aber Carola Saavedra, die selbst in ihrer Geschichte präsent ist und mit ihrem Protagonisten ins Gespräch kommt und am Ende nicht weiß, ob sie nicht vielleicht ein wenig zu viel trinkt. Wein spielt auch bei Cecília Giannetti eine Rolle, ebenso ein gewisses Traumgenerikum sowie Traubeneis. Am Ende von Laura Erbers Geschichte sind wir wieder beim Titel der vorliegenden Auswahl: Blutgetränktes Popcorn liegt am Strand der Copacabana, und Kaffee wurde auf den Boden geschüttet. Tatiana Salem Levy, deren Ich-Erzählerin es in das ferne Macao verschlagen hat, erschrickt vor aufgehängten Schweinsköpfen und wundert sich über das süße Fleisch, das die Chinesen sonntags essen. Bei Katherine Funke hilft eine Portion Hühnerherzen einer Liebesgeschichte auf die Sprünge, und Leandro Salgueirinho entwickelt eine Vorliebe für Honig und das Sezieren lebender Insekten. Nur Paloma Vidals Heldin, eine Argentinierin im Exil, schöpft ihre Befriedigung nicht aus der Völlerei, sondern aus einem erotischen Tanz, dem Tango. Eine Art wohlkonzertierter Bewegung erfasst auch Ricardo Lísias' obsessiven Schriftsteller, der damit eher unerwartet zum Höhepunkt kommt. Bevor mit João Paulo Cuenca der Karneval aber vorbeigeht und die Fastenzeit anbricht, tritt noch der schizophrene Clown von Estevão Azevedo auf, und bei João Filho nimmt uns ein blinder Führer mit auf eine ausschweifende Tour durch Salvador de Bahia. Ach, trotz alldem liegt der Nachgeschmack nur wenige Sekunden auf der Zunge, denn da kommen ja schon wieder fliegende Händler mit ihrem Fruchteis, ihren Spießen und Maiskolben, ihren in Scheiben geschnittenen Wassermelonen …

Timo Berger, Februar 2013

Michel Laub

DER MANN AM STRAND

Zuerst unten, sagt er. Das Badewasser ist lauwarm, die Seifenstücke haben die Form von Herzen und Erdbeeren. Wie alt bist du?

Vierzig, antworte ich. Als Nelson meine Füße berührt, bin ich fünfunddreißig. Ein Stückchen weiter oben höchstens noch dreißig. Ich gehe auf das Alter zu, in dem ich Bikinis tragen werde, die Strandpromenade wird voll sein, und ich werde sogar an den Strand eine Handtasche mitnehmen und Lippenstift auftragen. Nelson wird nicht in der Nähe sein, aber ich weiß, es ist eine Frage der Zeit, bis auch er die Bühne betritt.

Das Wasser ist grün vom Badesalz, ab und zu höre ich es tropfen, und als ich bei fünfundzwanzig angelangt bin, lasse ich mich ins Wasser sinken, strecke meinen Körper, jeden Muskel, jede Faser. Ich spüre nur noch Nelsons Hand, seine tiefe Stimme spricht über meine Beine. Er besteht darauf, über meine Beine zu sprechen, und dann muss ich hereinkommen und sagen, dass ich mich gesonnt und den ganzen Nachmittag Sport getrieben habe. War viel los am Strand?, fragt er. Hat dich jemand angemacht?

Ich bin zwanzig, als ich ihm erzähle, dass mich ein Mann angemacht hat. Ein Mann, murmelt Nelson. Ja, ein Mann, er hat am Kiosk gesessen und mich gefragt, wohin ich es so eilig hätte. Er ist aufgestanden und mir gefolgt, er hat erzählt, dass er in der Nähe wohnt, in einem Haus nur zwei Blocks weiter. Hat er noch was gesagt? Nein, antworte ich, aber ich weiß, dass Nelson mir nicht glaubt. Er wird nicht locker lassen, bis ich gestehe. Deshalb hat er mich in die Badewanne gesteckt und mir ein Glas Wein in die Hand gedrückt. Nelson weiß längst: Niemand verträgt Alkohol schlechter als ich.

Mit achtzehn verträgt eine Frau so gut wie nichts. Sie kann die Einladung des Mannes am Strand nicht einfach überhören. Das erzähle ich Nelson, während er meine Fußknöchel einseift. Seine Finger wandern zu den Schienbeinen, den Knien, und seine Fragen werden drängender, ich soll ihm die Unterhaltung mit dem Mann am Strand in all ihren Einzelheiten schildern, soll beschreiben, wie ich seine Wohnung betrete, wie er die Gläser aus dem Schrank holt und mich zum ersten Mal auffordert, mit ihm anzustoßen, und manchmal komme ich vor lauter Einzelheiten durcheinander mit meiner Geschichte. In dem Moment, in dem Nelson meine Schenkel berührt, verwechsle ich schon die Daten und vergesse, dass ich sechzehn bin, als der Mann sich neben mich setzt – wir beide auf dem Sofa in seiner Wohnung, ich schon ziemlich beschwipst – und mich fragt, ob mir warm ist.

Nelson weiß, was der Mann wollte. Er möchte es aber von mir hören: Hat er dich aufgefordert, den Bikini auszuziehen? Hat er dir vorgeschlagen, bei ihm ein Bad zu nehmen?

Ich antworte immer das Gleiche: Dass ich nicht wusste, was ich tun sollte, dass ich mit meinen fünfzehn Jahren nicht darauf vorbereitet war, von ihm bei der Hand genommen zu werden. Es war ein schwüler Tag, so schwül wie heute, und Nelson mit nacktem Oberkörper neben mir, Dampftropfen auf seiner Stirn. Nelson streicht mit den Fingern über meine Schenkel nach oben, jetzt ändert sich unser Tonfall, ich flüstere schon fast: Genau, der Mann wollte, dass ich mich in die Badewanne lege.

Mit vierzehn hat man keine Ahnung, wie intensiv sich die Berührung mit Wasser anfühlen kann. Man lässt sich von dem Mann einseifen, und was man dabei empfindet, kann sogar das eigene Leben verändern. Mein Leben wurde damals zu dem, was es heute noch ist: Ich habe keine Kinder, gehe nicht arbeiten, nachmittags kaufe ich ein, besuche eine Freundin oder räume ein wenig auf, um mich abzulenken, bis es dunkel wird, und dann muss ich zurück, und zwar schnell, weil Nelson mich ungeduldig erwartet. Das geht nun schon Jahrzehnte so, und Nelson bittet mich immer noch ins Badezimmer, kaum dass ich seine Wohnung betrete. Zwei Minuten später bin ich dort, bin bereit, ihn zu führen, und seine Finger fahren über meinen Körper, bis sie die richtige Stelle gefunden haben. Dann schließe ich die Augen, atme tief durch und weiß, ich werde gleich sterben und wieder geboren werden, von Nelsons Stimme getragen, als sei die Zeit stehengeblieben, seit ich diese Stimme das erste Mal gehört habe, genau so, jetzt, für immer, vor dem Kiosk am Strand.

übersetzt von Odile Kennel

Adriana Lisboa

DAS JAHR IN RISHIKESH

»I look at the world and I notice it's turning«
George Harrison

Es geschah, als ich versuchte, *While My Guitar Gently Weeps* zu spielen. Von den vieren war immer George mein Beatle. Ich glaube, wir hätten wunderbare Freunde sein können, mal davon abgesehen, dass er Hare-Krishna-Anhänger war, was heute ganz schön altmodisch klänge und wohl keinen großen Eindruck machen würde. Aber ich verstehe, dass der indische Mystik-Trip zu seiner Zeit angesagt war, es war etwas Neues, etwas anderes, eine Alternative zu allem, was es damals gab und was es vielleicht immer noch gibt, nur dass es niemanden mehr zu stören scheint.

Ich bewunderte ihn auch, weil er ein stiller Beatle war, mit dieser schweigsamen Art dessen, der ein paar Schritte zurückgetreten ist und sich in einen Zuschauer verwandelt hat, während die anderen wie hyperaktive Frösche herumhüpfen und quaken. John war der Typ für die Momente des Zorns. Paul war der Typ, um »Guten Tag, Sonnenschein« zu sagen. Ringo war der Typ, der mir beistand, wenn ich mich niedergeschlagen fühlte, schließlich konnte man in Ringos Gesellschaft nichts so ganz ernst nehmen. Und George war George, still – *L'Angelo Misterioso*. In einer Fernsehsendung wurde er gefragt, ob er es sei, der von ihnen die meisten Mädchen abbekomme, denn Mädchen würden doch solche stillen Männer mit einer geheimnisvollen Aura mögen. George verneinte: Wer von ihnen die meisten Mädchen abbekomme, sei Paul.

Was für ein Mist, dass George schon vor so vielen Jahren gestorben ist. Ja, natürlich auch wegen John, aber eine besondere Gemeinheit lag darin, dass George an Lungenkrebs sterben musste, nachdem er von einem Kehlkopfkrebs geheilt worden war. Es heißt, er habe schrecklich unter dem Krebs gelitten, der ihn dann am Ende tötete. Eines Tages habe der Arzt seine Familie (die des Arztes) mitgebracht, und sie hätten zu singen angefangen und solchen Radau gemacht, dass George, der kaum atmen konnte, flehte: Bitte, seid leise. Der Arzt habe ein Autogramm für seinen Sohn auf einer Gitarre haben wollen, und George habe gesagt: Ich weiß nicht, ob ich meinen Namen noch schreiben kann. Worauf der Arzt buchstabiert habe. Komm schon, du schaffst es: G E O R.

John traf sein *Instant Karma*, als er eines Tages aus dem Haus trat. Georges Karma dagegen offenbarte sich nicht schlagartig, es war ein von einem achtarmigen Ungeheuer gesteuertes Karma, einem Monster, das mit unangenehmer, schriller Stimme pausenlos das universelle Mantra sang und dazu mit feurigen Augen grinste. Aber ich weiß, dass die Hare-Krishna-Anhänger an die Wiedergeburt glauben, und finde es richtig, wenn das Leben und das Nachleben jedes Einzelnen mit seinem Glauben übereinstimmt. Also kann es sein, dass George nach dieser in einer absolut sensationellen Gestalt wiedergeboren wird.

Obwohl ... Seien wir ehrlich: Was für eine sensationellere Lebensform kann es geben, nachdem jemand als Beatle auf die Welt gekommen ist und *While My Guitar Gently Weeps* geschrieben hat? Vielleicht wird George als anderer Beatle auf einem anderen Planeten oder in einer anderen Dimension wiedergeboren, wo es solche Sachen wie Krebs nicht gibt und folglich auch keine Onkologen und keine für ein Autogramm auf einer Gitarre buchstabierten Namen. (Sie sollten Mark Chapman rauslassen und ihn diesem Arzt auf den Hals jagen.)

Ich saß im Zimmer meiner Großmutter. Sie befand sich schon in einem Stadium ihrer Krankheit, in dem sie sich leicht aufregte, sie war verwirrt, manchmal begann sie einen Satz und hörte mittendrin auf. Das war etwa sechs Monate, bevor sie starb, und fünf Jahre nach der Diagnose.

Meine Großmutter war zweiundachtzig und blieb nicht gern allein. Sie hatte stark abgenommen, und mich beeindruckten ihre dicken Handgelenke und Knöchel. Besonders die Knöchel. Von einem Moment zum nächsten war sie verwelkt, war vertrocknet wie Pflaumen, die man zu lange im Kühlschrank gelassen hat. Ihre Haut ähnelte der Oberfläche der Tasche aus Lederimitat, die meine Mutter einem Straßenhändler im Stadtzentrum abgekauft hatte, mit den Initialen MK darauf, von denen ich annehme, dass sie irgendeinem Modeheini gehören. Ich sah meine Großmutter an und dachte an George und fragte mich, warum die Menschen weiterleben müssen, wenn das Leben nur noch eine Qual ist. Wenn bösartige Onkologen deinen Namen buchstabieren, damit du ein Autogramm auf die Gitarre ihres Sohnes schreiben kannst. Wenn der Mensch nicht mehr weiß, was er am Morgen getan hat, und sogar Mühe hat, den einzigen Enkel zu erkennen – mich, im Falle meiner Großmutter. Auch das Karma meiner Großmutter offenbarte sich nicht schlagartig.

Und sie blieb nicht gern allein. Wenn das Mädchen, das sich um sie kümmerte, freihatte und meine Mutter nicht zu Hause war, ging deshalb ich in ihr Zimmer. Dort mussten die Vorhänge stets zugezogen bleiben, denn meine Großmutter meinte, jemand im Gebäude gegenüber versuche, sie und unsere Familie auszuspionieren. Ich erklärte ihr, dass niemand uns auszuspionieren versuche, aber sie schüttelte den Kopf und sagte: Ich weiß, was sie mit der Cristina gemacht haben. Die Cristina ist gestorben. Sie haben sie getötet. Ich wusste nicht, wer Cristina war, und sie hätte es mir auch nicht erklärt, wenn ich gefragt hätte. Manchmal begann sie, etwas zu erklären, und hörte mittendrin auf, aber nicht plötzlich: Ihre Stimme entfernte sich immer mehr, wie ein Zug, den man wegfahren sieht, bis er hinter einer Kurve verschwindet. Oder sie weinte, ein leises Weinen, das man fast nur an dem Glanz erkannte, den ihre eingefallenen Wangen von den Tränen bekamen, und ich hatte keine Ahnung, was ich tun sollte. Aber gleich darauf vergaß sie, dass ihr Gesicht ganz nass war, ergriff meine Hand, forderte mich auf, mich neben sie zu setzen, und sagte, Gott, wie du gewachsen bist, Artur. Die Liebe, die ich für sie empfand, war ein Stechen, ein Krampf in der Brust, und ich legte die andere Hand über unsere Hände und sagte, Omi, ich heiße nicht Artur.

An so einem Tag nahm ich die Gitarre und den Verstärker mit in ihr Zimmer, dieses gepolsterte Halbdunkel. Es schien, als wäre die Luft dort drinnen schwerer als anderswo. Nicht dass sie schlecht gewesen wäre. Nach einer Weile fühlte ich mich richtig komisch, unbehaglich, mir wurde klaustrophobisch zumute, und ich versuchte, sie dazu zu bewegen, dass sie ins Wohnzimmer ging. (Manchmal ging sie. Manchmal schaltete ich den Fernseher ein, aber sie schaute höchstens fünf Minuten lang hin.) Doch zunächst war alles in Ordnung, es war, als fände ich Zugang zur Welt meiner Großmutter, einer kühlen, dunkleren, nach Rosenwasser duftenden Welt. Fast konnte ich denken wie sie, fühlen wie sie, den Raum der Verwirrung hinter ihrem Gesicht betreten, das manchmal ausdruckslos wurde und ihr eine merkwürdige Ähnlichkeit mit einer Ankleidepuppe in einem Geschäft verlieh. Bis auf den Umstand, dass sämtliche Ankleidepuppen in sämtlichen Geschäften nicht älter als zwanzig Jahre sind.

Omi. Stört es dich, wenn ich spiele?

Sie sah mich an: Hä?

Stört es dich, wenn ich spiele? Ich hielt die Gitarre ein bisschen höher.

Aber sie antwortete nicht, seufzte nur und sah zum Fenster, als wäre es nicht von der Gardine verdeckt, als befände sich dahinter eine traurige englische Landschaft.

Ich interpretierte das als ein »Mach ruhig«, schaltete den Verstärker ein und stellte den Ton ganz leise. Ich begann mit dem Anfang von *While My Guitar Gently Weeps*, dem Grundakkord, den George bei der Aufnahme für das Weiße Album gespielt hat (das Solo ist von Eric Clapton, obwohl sein Name auf der Platte fehlt), und trällerte die Melodie mithilfe einiger Textfragmente mit, die ich hier und da aufgeschnappt hatte.

Meine Großmutter sah mich an. Ich sah sie an. Hörte auf zu spielen, weil ich glaubte, dass ich sie vielleicht störte. Ich dachte an George, wie er im Sterben lag und die Familie seines Arztes bitten musste, nicht solchen Krach zu machen. Aber sie sah mich nur an und sagte nichts.

Ich spielte da weiter, wo ich aufgehört hatte. Als ich zu der Stelle mit dem »I look at the world« und so weiter kam, lächelte sie und bewegte den Kopf im Rhythmus. Und als ich fertig war, sagte sie: Das ist mein Lieblingslied.

Dein Lieblingslied?

Ich erinnere mich noch, wie er dieses Lied für uns gespielt hat, damals in dem Jahr in Rishikesh.

Wer?

Du weißt schon, Junge. George Harrison. George Harrison von den Beatles.

Ich erinnerte mich daran, wie meine Großmutter gesagt hatte, sie sei die Freundin von Tancredo Neves gewesen, der 1985 die Präsidentschaftswahlen gewonnen hatte. Nur sehr wenige ihrer Äußerungen konnten noch ernst genommen werden. Ich hatte den Eindruck, da drinnen wirbele alles durcheinander, als wäre ihr Gehirn ein großer Mixer, und das Gemisch aus dem, was sie von der Welt aufnahm, vermenge

Vergangenheit und Gegenwart, Träume und Fantasie, Filme, Bücher und Zeitungsnotizen, einfach alles. Sie konnte die erste Frau auf dem Mond gewesen sein, konnte in Paris oder in Indien gelebt haben, konnte Busfahrerin, Putzfrau oder eine berühmte Künstlerin gewesen sein. Unerreichbar blieb für sie nur, was die Krankheit schon aus ihrem Gedächtnis getilgt hatte. Der Rest war wie eine Sammlung von Waren in den Regalen eines Supermarkts, unter denen man nach Belieben auswählen darf – der Gang durch die Kasse ist dann eine andere Geschichte. Doch die Krankheit verhielt sich seltsam, sie schien herausgehobene, ältere Ereignisse zu bewahren und meiner Großmutter ausgerechnet das zu rauben, was sie am nötigsten brauchte. Oder vielleicht war das nur eine Methode, sie zunehmend zu betäuben, während sie sie Tag um Tag, Stunde um Stunde dem Leben entriss.

George Harrison hat dieses Lied für dich gespielt, Omi?

In dem Jahr, in dem wir in Rishikesh bei Seiner Heiligkeit studierten, sagte sie.

Sie machte eine Pause und grub in ihrem Gedächtnis.

Seine Heiligkeit Maharishi Mahesh Yogi. Ich erinnere mich, dass er viel gelacht hat.

George Harrison hat viel gelacht?

Seine Heiligkeit hat viel gelacht, sagte sie, lachte ebenfalls und hob für einen Moment die gefalteten Hände vor die Brust. Nie zuvor hatte ich meine Großmutter das tun sehen.

Kannst du noch andere spielen?, fragte sie.

Andere Lieder von den Beatles?

Sie nickte. Ich spielte mein gesamtes Repertoire, das im Wesentlichen aus den Beatles bestand, bis auf *Band On The Run*, das aber ebenfalls zu 25 Prozent Beatles ist. Dann bat sie mich, ihr ins Wohnzimmer zu helfen, ein ungewöhnliches Ansinnen, und setzte sich in ihren Lieblingssessel, von dem sie trotz allem nicht vergessen hatte, welcher es war – selbst wenn sie sich manchmal nicht erinnern konnte, ob sie Feigen und Bananen mochte oder nicht. Nach wenigen Minuten war sie eingeschlafen.

In einer Mischung aus religiöser Ehrfurcht und Faszination gegenüber meiner Großmutter ging ich verblüfft in mein Zimmer. Ich überprüfte ihre Angaben und tatsächlich, Rishikesh war die Stadt in Indien, wo sich der Ashram von Maharishi Mahesh Yogi befand, wo die Beatles Ende der sechziger Jahre gewesen waren und wo sie einen Haufen Lieder geschrieben hatten. Unglaublich, dass es meiner Großmutter gelang, die von mir gespielte Musik mit all dem in Verbindung zu bringen. Dass sie sich an die Musik erinnerte, daran, dass sie von George war, und an alles andere. Und dass sie sich auch noch selbst in die Geschichte einschloss.

Kurz darauf kam meine Mutter von der Arbeit und brachte Brot mit zu viel Backmittel und gefährlich aussehende Briefumschläge mit Bankenlogos in der Ecke mit. Sie legte alles auf den Küchentresen und fragte nach meiner Großmutter.

Im Wohnzimmer, sie schläft, sagte ich. Mutter, du wirst nicht glauben, was für eine Geschichte sie mir heute erzählt hat.

Ich muss mich duschen. Das hilft gegen die Kopfschmerzen. Erzähl es mir nachher. Und mit einer einzigen fließenden Bewegung ging sie in ihr Zimmer, warf die Tasche aufs Bett, dass die gefälschten Initialen des Modeheinis klapperten, nahm ein Kleidungsstück, das dort herumlag, und ging ins Bad. Ich hörte, wie die Dusche aufgedreht wurde und das arme, müde Chlorwasser die Aufgabe übernahm, den Tag meiner Mutter von ihr, ihrem Körper, ihrer Seele abzuwaschen, unterstützt von Produkten mit speziellen Düften und Verpackungen, die sie teurer erscheinen ließen, als sie waren.

Den Haarknoten halb aufgelöst, erschien meine Großmutter im Korridor, die Füße in den immer etwas schief getretenen

Plüschpantoffeln hinter sich her ziehend. An mir vorbei ging sie in ihr Zimmer und öffnete den Schrank.

Junge, rief sie mit ihrer dünnen Stimme. Komm mal.

Ich trat an die Tür.

Ich brauche etwas von da oben. Hinter den Kartons.

Ich stieg auf einen Stuhl, um an das zu gelangen, was sie haben wollte. Ich schob unterschiedlich große Schachteln zur Seite, keine von ihnen mit einer erkennbaren Funktion, und holte Tüten mit muffig riechenden Stoffsachen hervor. Bis ich auf eine Seifenschachtel stieß und sie zu mir sagte: Das ist sie, gib her. Die ausgestreckten Hände meiner Großmutter zitterten leicht. Sie zitterten fast immer – der Augenblick hatte nichts Feierliches, wie man vielleicht denken könnte. Von meiner Seite hätte er es gehabt, wenn ich gewusst hätte, dass sie, wie ein kleiner Kobold auf der gelben Zierdecke ihres Bettes sitzend, mit ihren knochigen Fingern ruhig den Inhalt der Schachtel durchsuchen und daraus ein Foto von sich und George Harrison zutage fördern würde.

Sie reichte mir das Foto und sagte: Rishikesh. Dann murmelte sie irgendetwas über Seine Heiligkeit und auch über Cynthia Lennon. Auf dem Bild trugen George und meine Großmutter weiße Kutten, lange Haare und safrangelbe Blumenketten. Meine Großmutter hatte einen roten Punkt zwischen den Augenbrauen. Sie hätte Georges ältere Schwester sein können.

Den nächsten Nachmittag verbrachten wir mit Gitarrespielen, Singen und Geschichten über die Beatles, von denen einige wahr waren und andere nicht – doch wen kümmerte das? So verbrachten wir noch viele weitere Nachmittage. Sie sagte mir, welche Lieder ich lernen sollte, und ich lernte sie.

Bis meine Großmutter eines Tages ohne Ankündigung und ohne großes Aufsehen starb. Ich weiß nicht, ob sie meinen

Namen kannte oder ob ich für sie nur der Junge war, der ihre Lieblingslieder auf der Gitarre spielte, ein Avatar des Liverpooler Quartetts, der wie durch ein Wunder vor ihr aufgetaucht war. Ein Geschenk des Maharishis aus dem Jenseits? Meine Großmutter hatte es nicht mehr nötig, in den Dingen eine Logik zu finden oder Dingen, die offensichtlich keine besaßen, eine Logik zuzuschreiben. Die Welt war eine große Reise: Lucy im Himmel mit Diamanten.

Nachdem sie gestorben war, räumten wir ihren Schrank auf. Die Baumwollkleidung, die Plüschpantoffeln, die an ihren Füßen immer etwas schief wirkten. Die Berge von Tüten und Schachteln. Meine Mutter weinte, ich umarmte sie, und später, als niemand dabei war, weinte auch ich. Ich behielt die Seifenschachtel, in der sich einige undefinierbare Schätze befanden. Dinge, die für meine Großmutter Sinn gehabt hatten, Dinge, die zu sammeln ihr Leben mit Behaglichkeit erfüllt hatte, während sie noch in aller Unschuld glaubte, es sei für immer – wie wir es alle mehr oder weniger glauben, solange der Tod ein fremdes Phänomen ist.

Die Seifenschachtel enthielt ihren Sozialversicherungsausweis, Briefe in Schönschrift aus einer Zeit, in der die Kinder unter der Aufsicht von Nonnen und Priestern Schönschrift gelernt hatten, ein leeres Parfümfläschchen und ein paar Fotografien. Mit Ausnahme der Reliquie aus Rishikesh schienen sie alle Andenken an die Familie oder ans Gymnasium zu sein: Mädchen, die entfernt an Personen aus alten Filmen erinnerten. Ich durchwühlte die Fotos auf der Suche nach mehr Beatles, doch da war nichts.

Ein Foto aber ließ mich aufmerken. Meine Großmutter war noch sehr jung. Wie lange mochte die abgebildete Szene her sein? Sie stand Hand in Hand mit einem Mann. Die Sonne schien, beide kniffen die Augen zusammen, und obwohl das Foto alt und verblichen war, gab es keinen Zweifel: Es war

Tancredo Neves. Auf ihrem Bett mit der gelben Zierdecke sitzend, blickte ich aus dem Fenster ihres Zimmers. Die Vorhänge waren offen, und draußen, in einer seltsam ruhigen, seltsam normalen Welt, sah man Tauben fliegen.

übersetzt von Enno Petermann

Ferréz

NACHBARN

Es dauerte, bis ich das Geld zusammenhatte, ich behielt gerade mal ein Paar Turnschuhe und zwei kurze Hosen. Es war hart, dieses Haus zu kaufen, ich musste Hemden aus dem Outlet in der Rua Bresser tragen, alle weiß und zu drei Reais und neunzig Centavos das Stück, von denen man mindestens zehn Stück auf einmal kaufen musste, um etwas zu sparen.

Ganz egal, ich wollte umziehen, es reichte mir mit der Nachbarschaft; nachdem ich einen ganzen Monat lang hinter dieser dunkelhäutigen Schönheit her gewesen war, hatte ich sie endlich ins Bett gekriegt, und wir hatten ordentlich Sex, auch wenn die vorbeirasenden Busse das ganze Zimmer erschüttert hatten.

Aber zum Thema zurück, als wir endlich fertig waren, kam die Ernüchterung: Kaum kam ich mit ihr aus dem Zimmer, sah uns ein bärtiger Nachbar (verflucht sei sein Name) und plärrte:

»Hey, ihr seid ja total verschwitzt!«

Sie hat mich nie wieder eines Blickes gewürdigt.

Noch etwas, das ich nicht mehr ertragen konnte, war, dass ich aus dem Fenster in meinem Zimmer direkt auf vier andere Fenster guckte, und dahinter wohnten die übelsten Familien. In einem Fenster hing den ganzen Tag lang eine Frau mit trockenem Haar. Wenn ihr Mann kam, verschwand sie für eine Stunde und kam dann wieder zurück und starrte für den Rest des Abends auf mein Zimmer.

Einmal stand ich mitten in der Nacht auf, um zu pissen, direkt auf die Treppe, weil ich zu faul war, ins Bad runterzugehen. Kaum hatte ich angefangen, mich zu erleichtern, merkte ich, wie ein Fenster aufging, aber ich wollte es nicht glauben: Sie schaute raus, und ich konnte nicht aufhören zu pissen, es war zu gut. Also hielt ich, als ich fertig war, meinen Penis mit der linken Hand in ihre Richtung und bewegte die Hand hin und her. Obwohl ich sehr müde war, könnte ich schwören, dass sich ihr Gesichtsausdruck änderte, und sofort verschwand sie vom Balkon.

Nachts gab es immer einen, der nach mir schrie, einer von diesen Freunden, die bis tief in die Nacht bei dir rumhängen und Kaffee trinken. Aber es war immer so, bevor ich mein Fenster aufmachen konnte, hörte ich schon, wie die anderen aufgingen, sie schauten heraus, vielleicht dachten sie, wir würden kiffen, was weiß ich denn, ich hatte nur Angst, dass sie mich für schwul hielten. Also öffnete ich mein Fenster nicht mehr, und die Freunde gaben es nach und nach auf.

Etliche Male schlug ich meinen Nachbarn die Tür vor der Nase zu. Ich brauchte bloß eine Plastiktüte dabeizuhaben, und sie gaben keine Ruhe, bis sie herausgekriegt hatten, was drin war. Wenn ich mir Pornokassetten auslieh, bat ich den Typen in der Videothek schon, sie in zwei Plastiktüten zu stecken, aber ich wusste, dass sie trotzdem alles sahen, denn die Pornokassetten hatten rote Hüllen und die Tüten waren ganz dünn.

Die Nachbarin links hatte einen Hund, der nicht eine Sekunde lang aufhörte zu bellen, ich konnte schon gar nicht mehr schlafen, sein Bellen hallte in meinem Kopf nach. Also beschloss ich, ihn zu vergiften, aber als ich mit dem Gift nach Hause kam, fiel mir ein, dass der Typ in der Bar, von dem ich das Gift hatte, ein Bekannter von ihr war, und wenn der Hund starb, der Verdacht sofort auf mich fallen würde.

Ich hatte Angst, tierische Angst, man durfte sie nicht provozieren, zu oft hatte ich schon erlebt, dass sie aus weit nichtigeren Gründen tief unter der Gürtellinie austeilten, wenn dieses Volk wild wird, labern sie Sachen, ich bin schon aufgewacht von Gebrüll wie »Du Schlappschwanz, du hast doch seit mehr als einem Monat nix mehr gefickt« oder von Sätzen wie »Kindchen, er kam zu mir, um mich zu ficken, hörst du, nicht ich bin zu ihm, um mich ficken zu lassen«.

Also ertrug ich den Lärm der Nachbarin zu meiner Rechten, konnte bald alle Lieder des Duos Zezé di Camargo & Luciano auswendig, und als ich bei Marabraz ein Regal kaufte, schenkte ich ihnen die Uhr, die es als Werbegeschenk gab, nie hab ich ein süßeres Lächeln gesehen.

Aber schon zwei Tage später dachte ich, ich drehe durch, diese Frau verbreitete den lieben langen Tag lang Gerüchte über meine Familie, und vergangenes Jahr hatte sie allen erzählt, dass ich mit Sicherheit schwul sei, und das macht mich rasend. Kein Mann, sagte sie, schließt sich, wie ich, ewig in seinem Zimmer ein, um zu lernen.

Als ich das Geld zusammen hatte, ging ich zu den Maklerbüros, den Stadtteil wollte ich nicht verlassen, den mochte ich, ich hasste nur meine Nachbarn. Tagediebe und Nichtsnutze, mit jedem von ihnen hatte ich ein Problem. Ich fand jede Menge schöner Wohnungen, aber sie waren alle zu teuer, drei Monate lang suchte ich. Und die ganze Zeit über drohte ich meinem Nachbarn von gegenüber mit dem Tode: Ständig starrte er auf meinen Mund, wenn ich mich mit meinen Freunden unterhielt, ich wusste, dass er meine Lippen las.

Ich war sicher, dass er wissen wollte, was ich sagte, dann konnte ich nicht mehr widerstehen und zeigte ihm an jenem Mittwochnachmittag den Stinkefinger. Ich überlegte, ob ich ihn in meinen neuen Roman aufnehmen sollte, doch dann ließ ich es bleiben: Ich wollte ihn nicht unsterblich machen.

Dann endlich fand ich etwas, mit vielen verschiedenen Pflanzen in einem geräumigen Innenhof, nur zwei Straßen unter der meiner Mutter und zu einem guten Preis, denn der Bach vor dem Haus minderte die Lage. Mir war das egal, ich würde den Dreck einfach wegmachen, wenn der Bach über das Ufer trat, solange nur niemand versuchte, von meinen

Lippen zu lesen oder mir in die Einkaufstüten mit Videokassetten zu starren. Ich ging noch einmal hin, um mir sicher zu sein, es war Freitag, die Vögel flogen herein und hinaus ohne Unterlass. Ich betrat den Garten. Von dort sah man die Straße nicht, sehr gut. Das Nachbargrundstück war unbebaut, und der Nachbar wohnte weit weg. Auf der anderen Seite wohnte eine Cousine meiner Mutter, die geschieden war und zwei Töchter hatte, die aber immer nur leise Musik hörten.

Ich dankte Gott auch für die Nachbarn im Hinterhof: eine evangelikale Kirchengemeinde, die in einem Schuppen untergebracht war. Gottesdienst war immer nur samstags – das kann ich aushalten, nichts ist vollkommen. Ich trocknete die Tränen meiner Mutter, packte meine Bücher zusammen und zog um.

Ein paar Monate später wurde das Gelände nebenan an eine Art Schrotthändler vermietet, doch ich gewöhnte mich an den Lärm der Maschine, die PET-Flaschen presste, nur wenn sie Blechdosen zerdrücken, erschrecke ich noch.

Ich hatte einen Streit mit der Nachbarin, der Cousine meiner Mutter: Sie richtete eine Feuerstelle direkt an der Grundstücksgrenze ein und qualmte jeden Tag meine Wohnung voll. Ich versuchte ihr zu erklären, dass das nicht richtig ist, aber sie drohte, die Polizei zu rufen, und erzählte der ganzen Straße, ich sei ein Dieb, und dass ich schreiben würde, sei nur Geschwätz.

In der Kirche hinter dem Haus gibt es mittlerweile mehr Gottesdienste, und inzwischen weiß ich, wer Moses und Paulus waren, und kenne die Bedeutung der Psalmen.

Dieser Tage ging ich frühmorgens Brot holen, und als ich die Tür zur Straße hin öffnete, fiel mir zum ersten Mal auf, wie viel Müll in dem Bach lag. Ich versuchte, nicht darüber nachzudenken, ging langsam zur Bäckerei, und unterwegs sah ich einen hinkenden Hund. Ich blieb stehen, um ihn am Kopf zu streicheln, und er versuchte, mich zu beißen. Das Arschloch. Ich ging nach Hause zurück, wollte Kaffee machen, aber das

Gas war alle, also beschloss ich, einen Spaziergang zu machen: Ich betrat den nächstbesten (und einzigen) Park und lief vierzig Minuten lang herum. Dann setzte ich mich weitere dreißig Minuten lang auf eine Bank und versuchte, das Bild eines Brathähnchens zu vergessen, das mir im Kopf herumgeisterte, seit ich angefangen hatte zu laufen. Ich ging nach Hause zurück und sah, dass direkt vor der Tür ein blauer Uno parkte – wie rücksichtslos! Immerhin hatte der Schrotthandel aufgehört, PET-Flaschen zu pressen (morgen wären dann Glasflaschen dran, die sie immer gegen die Mauer knallten, einmal war eine Scherbe zu mir herübergeflogen und hatte mich beinahe am Kopf getroffen, mein Garten lag jeden Tag voller Scherben, aber das nur am Rande, das regt mich nicht auf).

In der Kirche begann nun der Gottesdienst, gerade als ich mir überlegte, mir einen runterzuholen, lass gut sein. Sie haben ihr Programm erweitert, und außer dass sie nun jeden Tag proben, ist nun auch noch täglich Gottesdienst, ich kenne alle Lobpreisungen auswendig, ich glaube, ich lege mich erst mal aufs Ohr.

Am nächsten Tag stand ich früh auf, das Auto stand immer noch da, nur die Seitenscheiben waren inzwischen zertrümmert, erst da kam mir der Gedanke, dass es ja geklaut worden sein könnte. Ich rief mehrmals bei der Polizei an, der Tag ging vorbei, und niemand kam. Nachts störte mich nur, dass die Ratten meine Zimmerdecke zernagten, vom Kratzen der Krallen bekam ich Gänsehaut, aber gegen vier Uhr konnte ich einschlafen – um sieben begann der Schrotthändler mit dem krachenden Zerkleinern der Flaschen.

Ich ging auf die Straße, um Brot zu kaufen, und als ich die Tür öffnete, sah ich einen weißen Variant vor der Mauer stehen. Das fehlte gerade noch, dass vor meiner Wohnung ein Autofriedhof entstand. Ich legte das Brot in die Wohnung und ging mein früheres Zuhause besuchen, und als ich durch die alte Straße ging und meine früheren Nachbarn sah, bekam ich Lust, sie zu grüßen, so übel kamen sie mir gar nicht mehr vor. Die Straße war leicht abschüssig, und mir wurden die Augen feucht, als ich zum ersten Mal sah, dass meine frühere Wohnung nicht neben einem Schrotthandel lag und keine Kirche im Hinterhof hatte und auch keine Ratten.

Aber es gab kein Zurück mehr. Es war meine Wohnung, und es war mein Schicksal. Also warf ich, als ich zur Tür kam, einen Blick auf den blauen Uno und sah, dass er hübsche schwarze Sitze hatte und ein Sportlenkrad. Ich habe mir nie viel aus Autos gemacht, doch ich beschloss, dass ich, falls ich jemals ein Auto hätte, genau so ein Sportlenkrad wollte. Also kletterte ich in den Uno und begann, darin herumzuhantieren. Es war nicht leicht, also ging ich ins Haus, um einen Schraubenzieher zu holen und einen Hammer.

Nach ein paar Minuten hatte ich das Lenkrad schon abgebaut und sah, dass den Schaltknauf ein wunderschön gezeichneter Krebs zierte. Als ich ihn berührte, erklang eine Sirene. Ich wollte noch alles erklären, aber auf meinem Schoß lag das Lenkrad. Die Polizei, die ich gerufen hatte, war endlich da.

Einige Nachbarn sagten vor Gericht aus, aber alle erzählten, bevor ich in die Straße gezogen sei, habe es dort niemals geklaute Autos gegeben. Der Besitzer des Schrotthandels war da und schaute zu, auch einige Leute aus der Kirche, und ich weiß bis heute nicht, wann genau ich verurteilt wurde.

Nun bin ich an einem ruhigen Ort. Ich muss mir nur das Bad teilen und manchmal auf dem Boden schlafen, wenn ich eine Wette verliere und mein Bett an einen Zellengenossen abtreten muss.

übersetzt von Michael Kegler

Santiago Nazarian

ICH BIN DAS MÄDCHEN AUF DIESEM SCHIFF

Mitten auf dem Deck, das Kind ...

Seit langem hatte Sebastião kein Schiff mehr betreten. Er versuchte, die Augen anzupassen, die Beine anzupassen, die Bewegung des Meeres unter sich zu spüren und das Schwanken seines eigenen vor Anker liegenden Körpers anzuhalten. Das Schwindelgefühl. Der alte Fischer kletterte auf das Schiff und erblickte sein plötzlich so kleines Haus, seine so verloren wirkende Insel. Seine dahintreibenden Träume und, mitten auf dem Deck, das Kind.

Miranda Poente war vor langer Zeit in der schwarzen Fläche des Meeres auf Grund gelaufen. Ohne Fische oder andere Möglichkeiten. Sebastiãos Fischerboot, an einem von Seepocken besiedelten Felsen vertäut. Seine Hütte, eine Ansicht ohne Betrachter. Er und seine Frau verkauften Bier und gebratenen Speck, sie lebten von einer kleinen Bar fast ohne Kunden, praktisch ohne Fische, ohne anständige Garnelen oder Köder aus Meeresfrüchten, um sie den Touristen vorzusetzen. Ohne Haupt- und Nebensaison. Der Wohlstand durch Öl, die Versprechungen von einst waren als ockerfarbener Film auf der ganzen Bucht zerronnen. Niemand kam, niemand ging.

Bis zum Besuch eines Geisterschiffs.

Sebastião erwachte, als der Mast an seine Tür stieß. Über das Haus geneigt, begrüßte ihn im Morgengrauen mit schiefem Grinsen und in einer fremden Sprache ein riesenhaftes Segelschiff. Wie war es dort hingekommen? Sebastião blickte rings um sich, blickte auf die Hühner, blickte auf seine Frau, die noch schlief, und blickte erneut auf das Schiff in seinem felsigen Garten. Neben seinem kleinen Boot, dieses fast verschlingend. Sebastião weckte seine Frau und die Kinder, dann ließ er Hauptmann Alonso rufen.

Seit langem hatte Sebastião keinen Fuß mehr auf ein Schiff gesetzt. Seit langem fuhr er nicht mehr hinaus. Er näherte sich dem Segelschiff mit der Unsicherheit dessen, der nie ein Seemann gewesen ist, der nie gefischt hat. Neugierig, sehnsuchtsvoll, misstrauisch, als wäre er unfähig, es zu tun. Wobei er fast vergaß, fast erinnerte und fast glaubte, dass er immer noch endlose Wochen auf dem Meer zubringen konnte.

Endlose Wochen ...

Wie war das Schiff da hingekommen? Sebastião untersuchte den zerschundenen Rumpf. Sebastião untersuchte die Planken. Es schien vor vielen Jahren gesunken zu sein, verschollen, schien viele Jahre auf dem Meeresgrund gelegen zu haben. Hatte er so etwas schon mal gehört? Durchaus. Er wusste, dass gesunkene Schiffe in Abhängigkeit von den Strömungen, dem Wandel der Gezeiten, der Erdbewegung und der Verbreitung von Legenden zuweilen wiederkehren konnten. Dass sie an die Klippen getragen wurden. Zurück ins Leben gestoßen wurden. Es war möglich, dass dies geschah. Geisterschiffe konnten das Ergebnis von starken Strömungen sein, von Lufteinschlüssen. Ein lange versunkenes Gefährt, das jenseits der historischen Zeit wieder zu atmen begann. Ja. Sebastião hatte schon davon gehört ...

Aber wer war der Junge?

Immer noch am Ufer stehend, betrachtete Sebastião das Geisterschiff und wartete auf Hauptmann Alonso. Vor seiner Tür dieses Monstrum. Dieses gestrandete Schiff. Miranda Poente war auf so ein Ereignis nicht vorbereitet. Mit solchen Dingen rechnete man nicht auf Miranda Poente. Auf einer Insel, die arm an Legenden und Meeresfrüchten war. Einem schwarzen Fleck, der seine Kinder infizierte, der ihre Haut mit Mykosen, Verbrennungen und Grindblasen zerfraß.

Aber was war mit diesem Jungen?

Sebastião, lange schon vor Anker liegend, kletterte an Deck. Voller Ungeduld beschloss er, mit der Untersuchung zu beginnen. Ein Schiff von dieser Größe, von so gewaltigen Ausmaßen, mit diesen zerschundenen Masten ... musste untersucht werden. Wo blieb Hauptmann Alonso?

Sebastião kletterte auf das Schiff und spürte, wie sein Körper schwankte, wie seine Füße zögerten, wie seine Augen Halt suchten. So lange schon befuhr er nicht mehr den leeren Raum, in dem sich das Meer ausbreitete ... Der Horizont in der Ferne. Die Sonne, kurz vor dem Aufgehen. Sebastião fand es töricht, auch noch sich selbst vorzumachen, dass er immer noch ein Seemann, ein Fischer war. Seine zerbrochene Angel lehnte seit Monaten und Jahren ohne Köder an der Wand. In seinem Netz wohnten Kakerlaken, Klippenasseln, eine einsame Spinne.

»Bastião, Hauptmann Alonso ist unterwegs. Komm, Kaffee trinken.«

Sebastião trat an die Reling und sah seine Frau dort unten nach ihm rufen. Sie hob den Blick und sah ihn dort oben. Sie schaute ihn mit einem gewissen Erstaunen an, und da begriff er, begriff, dass dies nicht mehr sein Platz war. Ernüchtert begriff er, dass sein Platz jetzt an Land war und dass niemand mehr in ihm den Fischer-Seemann-Ozeanbezwinger erkannte, der er einst gewesen war. »Was machst du da?« Sein Platz war dort unten. Er konnte ein Schiff nur noch betreten, um fortgetragen zu werden, um unterzugehen. Er wäre verloren wie ein Geisterschiff. Was für ein Unsinn.

In diesem Augenblick sah er das Kind.

Eine schmerzhafte Erkenntnis, dann bemerkte Sebastião das Kind. Er drehte sich zu seiner Frau um. Suchte wieder das Kind. Da stand es. Tatsächlich. Mitten auf dem Deck. Es war nicht bloß eine flüchtige Vision. Während seine auf der Insel gestrandete Frau nach ihm rief, verharrte das Kind mitten auf dem Deck, stand da und sah ihn an.

»Ich komme.«

Sebastião wandte den Blick von seiner Frau ab und wieder dem Kind zu. Was machte das Kind da? Mitten auf dem Deck. Verschollen gefunden. Sebastião betrachtete es genau: weiß, barfüßig, prä-post-pubertär, die schwarzen Augen groß wie Untertassen. Noch nie hatte er dieses Kind gesehen. Soweit Sebastião wusste, war dieses Kind nicht aus Miran da Poente. Ihrer kleinen Stadt. Wie war dieses Kind hierhergekommen?

Natürlich konnte das Kind (nicht) mit dem Schiff gekommen sein ...

Sebastião ging ein paar Schritte auf es zu und überlegte sich seine Fragen. War das Kind mit dem Schiff gekommen? Mit der Flut? Was machte es hier? Es konnte das gestrandete Schiff gesehen haben und hinaufgeklettert sein, wie es jedes Kind tun würde. Aber wer war es? Was machte es hier? Da Sebastião es nie zuvor gesehen hatte, wusste er nicht, wer es war: hier vor seiner Haustür, auf dem Deck dieses Schiffs. Miranda Poente brachte schon lange keine Blumen oder Früchte mehr hervor und erst recht keine Kinder wie jenes, das da vor ihm stand. Sebastião fand es sinnlos, ihm Fragen zu stellen.

Er blickte zur Seite. Blickte zu Boden. Blickte auf die zerrissenen Segel, auf Bug-Planken-Heck, auf das Schiff als Ganzes und auf das Kind, um zu sehen, ob es wirklich dort hingehörte. Es war ein hübsches Kind. Ein Kind, wie es sie nicht mehr gab ... Etwas mädchenhaft. Locken, die seine Söhne niemals tragen dürften. Und eine Korallenkette um den Hals. Was war das? Ein merkwürdiger Schmuck zwischen diesen ausgeblichenen Kleidern – Hemd und Hose –, Kleidern, die eine Ewigkeit in der Tiefe des Meeres verbracht hatten.

»Bist du tot?«

Idiotische Frage. Wozu überhaupt fragen? Wenn das Kind tot war, wozu fragen? Besser, es gar nicht zu wissen. Wenn es lebendig war: Medikamente, Essen, Fürsorge, Telefonate, dann die Ankunft einer glücklich weinenden Mutter. Aber wenn es tot war ..., wozu fragen? Was machte das Kind da? Mitten auf dem Deck, das Kind. Der Rest des Schiffs schien leer zu sein.

»Ist hier noch jemand außer dir?«

Das war eine gute Frage. Selbst wenn nur eine ungenaue Geisterantwort kam oder das Kind die Antwort verweigerte. Wichtig zu wissen, ob das Kind allein war, ob es der einzige Geist war oder ob es vielleicht andere seiner Art gab, irgendein Hinweis für den Fall, dass es sich einfach in Luft auflöste. Was würde er dem Polizeichef Alonso sagen?

Doch das Kind stand immer noch da.

Sebastião überlegte, dass er von dort verschwinden solle. Sebastião überlegte, ob er von dort verschwinden solle. Vielleicht sollte er sich langsam rückwärts bewegen, sich von dem Kind entfernen und wieder den festen Boden seiner Insel betreten, den Sand. Aber er durfte die Augen nicht von dem Kind abwenden, er musste es bewachen, bis Hauptmann Alonso kam. Wenn er es aus den Augen verlor, wusste er, ginge das Kind verloren. Man fände es weder an Deck noch auf der Brücke oder in den Kajüten wieder. Hauptmann Alonso würde über sein Gesicht lachen, ihm auf die Schulter klopfen, ein Bier bestellen, und er würde nie erfahren, was dieses Kind da machte, wo es herkam, wo es hinwollte.

Und wenn er das Kind bei der Hand nahm? Wenn er es höflich vom Schiff geleitete. Wenn sie hinunter auf die Felsen sprangen? Wenn er es an Land brachte, nach Hause, an den Frühstückstisch? Wenn er ihm die zerfetzten Kleider auszog, seine zerschundene Haut abrieb und ihm ein Bett zum Ausruhen gab?

Nein ... Sebastião hatte schon Kinder, zu viele Mäuler, die ernährt werden mussten. Er würde jetzt nicht anfangen, Geister zu ernähren. Wenn er seine Hand nähme ... Und wenn er seine Hand nähme, und es zerfiele wie ein Geist, wie das Skelett, das es war? Wenn die dünne Hülle sich zersetzte, Haut sich vom Körper trennte, Knochen zu Staub würden, Asche im Wind? Gab es ein Mittel, dieses Kind, so wie es da stand, für immer oder wenigstens bis zum Eintreffen Hauptmann Alonsos zu bewahren?

Wo zum Teufel bleibt nur Hauptmann Alonso?

Sebastião spürte eine Planke unter seinen Füßen knarren. Und wenn das ganze Schiff auseinanderfiele? Sich in Träume – Albträume – auflöste und vom Wasser fortgespült würde? Dahin zurückkehrte, woher es gekommen war, und Sebastião mit sich nähme, das Kind mit sich nähme, ihn für alle Zeiten der Sicherheit eines stabilen Lebens entrisse, in dem man unentschieden an der Küste stehen konnte. Dieses Schiff gab Sebastião seltsame Gedanken ein. Gewöhnlich war er objektiver.

Der alte Fischer verharrte reglos, genau wie das Kind. Er blickte ihm tief in die Augen und malte sich sämtliche Möglichkeiten aus. Er verzichtete darauf, Fragen zu stellen, dazu war er nicht da. Das Kind zu befragen war Aufgabe des Polizeichefs Alonso. Sebastião konnte es bloß bewachen. Auge in Auge mit ihm auf dem Deck erstarrt, malte Sebastião sich alle Geschichten aus, wegen derer dieses Kind zur See gefahren sein mochte ...

Auf dem Weg zu den Westindischen Inseln hatten sie einen fernen Hafen hinter sich gelassen. Hatten sie eine von der Pest heimgesuchte Stadt hinter sich gelassen. Waren sie aufgebrochen, um nach einer verschollenen Blume zu suchen, der Blume der Antillen, dem heiligen Blütenstaub, der eine im Sterben liegende Prinzessin heilen sollte. Oder auch nur, um Handel zu treiben, Geschäfte zu machen. Auf der Suche nach neuen Lebensmöglichkeiten in einem neuen Land, der *terra incognita*, dem Kreuz auf der Karte. Eine ganze Besatzung. Der Kapitän und sein Sohn. Der Koch und sein Sohn, das letzte Kind, das einzige, das von den Bewohnern jener Insel übrig war, um in der Kombüse zu helfen, um vor der Pest zu fliehen, um das Kreuz auf der Karte zu suchen und den Weg zu den Westindischen Inseln zu weisen. Die kommende Generation.

Dominique war sein Name, Sohn des Kochs oder Sohn des Kapitäns. In der Kombüse eingesperrt zum Kartoffelschälen. In der Kombüse eingesperrt, damit er sich nicht zu sehr anstrengte. Ohne Kontakt zu den anderen Seeleuten, damit er nicht in Gefahr geriet. »Er kann bei mir schlafen«, sagte der Kapitän. Dominique schlief in seiner Kajüte. Als Sohn des Kochs, als Sohn des Kapitäns benutzte er seine kleinen Hände zum Kartoffelschälen und schlief in der geräumigen Kajüte, im Bett des Kapitäns.

Nur ein Kind ...

Der Junge des Kapitäns. Die Matrosen tuschelten. Die Mannschaft stellte Fragen. Sie zogen den Koch beiseite: »Sag mal, dieser Junge ist doch dein Sohn?« Und hörten: »Er ist der Junge des Kapitäns.« Der Junge des Kapitäns. Vielleicht war er sein Sohn. Vielleicht war er verkauft worden. Vielleicht bezahlte er mit seinem Blut die Reise, das Lösegeld, die Rettung vor der Pest. Vielleicht war er auch nur der Sohn des Kapitäns. Der Junge des Kapitäns. Und die Matrosen tuschelten weiter.

Es ist nicht zuträglich, auf hoher See Geheimnisse zu hüten. Zumindest ist es nicht zuträglich, monatelang Geheimnisse zu hüten, wenn man eigentlich vorwärtssegeln muss, wenn man sich verirren kann. Fragen kommen auf. Der Kapitän wird infrage gestellt. Befehle werden nicht ausgeführt, und das Kreuz auf der Karte geht verloren. Der Kurs geht verloren.

Man vergisst ihn und sucht nach dem fraglichen Kreuz an Bord. Wahrscheinlich hatte der Kapitän Probleme, seine Autorität aufrechtzuerhalten ...

Sebastião löste den Blick von dem Jungen und richtete ihn erneut auf das feste Land, den sicheren Hafen. Die Insel war noch da. Er stand hier, mit dem Kind erstarrt. Sie würden ihren Platz nicht verlassen. Er würde nicht weichen, bevor Hauptmann Alonso kam. Dann kehrte sein Blick zu dem Jungen zurück, und er fantasierte weiter ...

Diese zarten Hände beim Kartoffelschälen. Ein Splitter im Daumen, ein Tropfen Rot in der Abendsuppe. Der Kapitän kommt in die Kombüse, nimmt Dominiques Hand, steckt den Finger in seinen Mund, saugt an der Wunde, stillt das Blut. Der Junge weint nicht und lächelt nicht, wie heute. Wie heute betrachtet er den Kapitän mit großen schwarzen Augen. Der Koch kommt herein. Der Kapitän lässt Dominiques Hand los. »Wir brauchen Fleisch, Gonzalo«, sagt er. »Wir brauchen etwas Gehaltvolles. Die Männer sterben an Entkräftung wegen dieser dünnen Suppe.«

Der Koch Gonzalo blickt ihn herausfordernd an, als sagte er: »Das ist dein Problem.« Blickt ihn an, als sagte er: »Darum musst du dich kümmern.« Der Koch kocht mit dem, was er zum Kochen hat. Warum lässt der Kapitän keine Fische fangen? Warum lenkt der Kapitän das Schiff nicht zu den Westindischen Inseln, an Land, in die Arme des Fleisches? »Ich koche mit dem, was ich zum Kochen habe«, antwortet der Koch. Sich auf die Lippen beißend, geht der Kapitän. Nicht ohne Grund haben die Matrosen dieses Schiffs etwas zum Tuscheln.

Und die Matrosen dieses Schiffs haben etwas, wovon sie sich ernähren können. Nicht nur ein paar Tropfen Blut und Kartoffeln. Nicht nur müde Muskeln und Schwertfische. In der Stille der Nacht, im Windschatten des Sturms finden die überdehnten Sehnen Geschichten, um sich gegenseitig zu unterhalten. Und manchmal finden sie Dominique, wie er mit schwarzen Augen mitten auf dem Deck steht – wie heute.

»Pst, sieh mal. Der Junge des Kapitäns.«

Und fern vom Kapitän, fern vom Koch, fern von irgendwelchen Kommentaren nähern sie sich und fangen ein Gespräch an: »Wie heißt du?«, »Wer ist dein Vater?«, »Was machst du hier außer Kartoffelschälen?« Dominique antwortet nicht. Er antwortet nie. Sebastião glaubt, dass der Junge nie auf etwas antwortet, das man ihn fragt. Da fragen die Matrosen sich, ob er nicht selber die Pest sei. Ein Indiomädchen, die sterbende Prinzessin. Der Blütenstaub der Blume der Antillen, den sie einem Kranken auf der anderen Seite der Weltkarte bringen. Die Heilung war die ganze Zeit unter uns. Wir mussten sie bloß entdecken.

Vielleicht warnte jemand davor, mit dem Jungen des Kapitäns zu reden. Der zweite Offizier sagte, sie sollten das Ziel im Blick behalten. Aber wie, wenn der Kapitän selbst nicht mehr wusste, wohin es ging? Er beschäftigte sich mehr damit, was gekocht wurde und was es zum Essen gab. Der Junge stand dort auf dem Deck. Und der Kapitän? Möglich, dass er in der Kombüse war, beim Kartoffelschälen ...

Sebastião betrachtete die Treppe, die zu den Mannschaftsräumen führte. Vielleicht sollte er hinabsteigen? Vielleicht fände er sogar noch Schalen. Das Skelett des Kapitäns, ein Messer in der Hand. Beim Untergang waren alle auf ihren Posten geblieben. Und Dominique war dort, auf seinem Posten als Kind, geblieben. Untergegangen, stand er mitten auf dem Deck. Sebastião musterte Dominiques glatte Hände und dachte, es müsse sehr, sehr lange her sein, dass er Kartoffeln geschält hatte.

Warum brachte ihn der Junge auf all diese Gedanken?

Das Meer war schwarz, wie jetzt. Aber das lag an den schweren Wolken am Himmel, an den widerstreitenden Interessen. Das Schiff setzte seine Fahrt fort, ohne Ziel, nördlich von was auch immer dem Untergang geweiht. Der Kapitän beim Kartoffelschälen. Der Koch beim Kehledurchschneiden ... Nein! Der Koch, wie er sich ans Steuer bindet. Dominique, wie er in sein Tagebuch schreibt ... Gern hätte Sebastião sich den Jungen beim Tagebuchschreiben vorgestellt, doch er wusste, dass Dominique wohl kaum eine Schule besucht hatte. Er war vor der Pest geflohen. Nun waren sie unterwegs zu den Westindischen Inseln, suchten die Blume der Antillen, folgten dem Schwertfisch.

Auf der Kommandobrücke stand trinkend der Obermaat, spuckte nach Steuerbord aus und erteilte lustlos Befehle. Er fragte sich, wohin sie fuhren. Dachte an seine hübsche-dicke-blonde Frau und an die Kinder, die sie hatten und haben würden. Das hier war eine Tortur: dem Blinzeln der untertassengroßen Augen eines Jungen zu gehorchen, durch die Träume eines vor Anker liegenden Fischers ohne Köder treiben zu müssen. Sebastião hatte den Eindruck, er male alles in sehr düsteren Farben ...

Plötzlich war es ein viel heroischeres und mannhafteres Abenteuer.

Die Matrosen starben. Die Matrosen übergaben sich. In der schwarzen Galle, die ins Meer troff, fanden die Matrosen Kartoffeln und ihre Schalen wieder. Der Sturm, seine Folgen und unvermeidlichen Begleiterscheinungen. Und der Kapitän, wo war er?

»Wohin fahren wir, Gonzalo?«, fragte der Kapitän in der Kombüse. Der Koch zuckte die Achseln. Nicht er gab den Kurs vor. »Wo ist der Junge?«, fragte der Kapitän weiter. Der Koch wies in Richtung Deck, und der Kapitän stieg hinauf. Peitschender Wind. Aufgewühlte See. Der Junge mitten auf dem Deck – wie jetzt –, Regen fiel.

»Dominique, komm her. Du wirst dich erkälten. Es ist schon spät, Zeit, ins Bett zu gehen.« Der Kapitän blickte sich um und sah, dass alle seine Männer brechen mussten. Er wandte sich wieder dem Jungen zu. »Dominique, komm. Es ist Zeit zum Schlafen. Das Schiff kann allein weiterfahren. Morgen, wenn du aufwachst, werden wir schon an Land sein.«

Das war kein Versprechen ...

Sebastião blickte in Richtung Land und fragte sich, wo die Möwen waren. Sebastião blickte in Richtung Land und fragte sich, wo die Zivilisation war. Auf dieser verlassenen Insel fanden nicht einmal die Möwen ein Nest. Wenn man es recht betrachtete, war Miranda Poente eine Geisterinsel. Man brauchte sich nicht zu wundern, dass dieses Schiff hier gestrandet war. Man brauchte sich nicht zu wundern, dass sie sein letztes Ziel war. Dieses Schiff, wie hieß es doch gleich?

Juno Próspero oder *Junho Próximo*? Ein gewöhnlicher Name oder ein Versprechen? Auf den zerschlissenen Segeln, der verblichene Name am Rumpf ... Sebastião suchte auf der Backbordseite und blickte zu dem Kind, suchte auf der Steuerbordseite und blickte zu dem Kind. Er erwog zu fragen: »Wie heißt dieses Schiff? *Juno Próspero* oder *Junho Próximo*? Ist Juno ein Vorname? Ein Frauenname? Oder hat dieses Schiff keinen weiblichen Namen? Heißt es ›Nächster Juni‹?«

Doch das Mädchen auf diesem Schiff war Dominique. In den Monaten und Tagen und Stunden, die sie, ohne Schwertfische oder gierige Möwen zu sehen, verloren umherirrten. Auf dem Meer verloren mit Dominique. Eine Horde Männer und Dominique. Sie alle krank und Dominique. Dominique, der die Suppe brachte. Dominique, der das Abendessen brachte. In die Offizierskajüten, ins Achterkastell, schweigend, zum Bug, zum Heck, bis zum nächsten Juni.

»Weißt du, ich finde, Dominique muss sich nicht um die Männer kümmern. Er muss sich nicht um die Kranken und Sterbenden kümmern. Ich finde, es ist nicht seine Arbeit, sich um diese Kerle zu kümmern. Er ist dein Gehilfe hier in der

Kombüse. Kümmere du dich um ihn. Die anderen haben mit ihm nichts zu tun. Um die kümmere ich mich«, sagte der Kapitän zum Koch. Der Koch nickte ungläubig. »Stimmt, das ist Eure Aufgabe, und wo habt Ihr Eure Hände? Wer hält das Steuer? Wer lenkt das Schiff? Was macht Ihr hier in der Kombüse?« Der Kapitän schluckte und blickte auf seinen Kompass, um zu prüfen, ob er noch nach Norden zeigte.

»Lass mich das machen«, sagte der Kapitän wenig später und schob den ersten Offizier zur Seite. Er übernahm den Posten am Steuerruder, doch es war bloß ein Ausbruch: Er war für diese Dinge nicht mehr geschaffen.

Er war dafür geschaffen, unterzugehen ...

Das Schiff tauchte ein ins Auge des Sturms. Die Männer taten, was sie konnten, und sorgten dafür, dass die Geschichte geschah. Tranken und übergaben sich. Segelten ohne Ziel. Fragten sich, welchem Zweck das Ganze diene. Wohin fuhren sie überhaupt? *Juno Próspero*. Wie ungeduldige Kinder auf einer Reise fragten sie sich gegenseitig, wie lange es noch bis zur Ankunft dauere.

Und die war bei Sebastião. Am heutigen Tag. Das vor seiner Tür gestrandete Schiff war endlich angelangt. Es war kein Seemann mehr übrig, um die Geschichte zu erzählen, doch der Junge harrte aus. Harrte auf dem Deck stehend aus, damit Sebastião seiner Fantasie freien Lauf lassen konnte.

Die Matrosen, wie sie einer nach dem anderen starben. Die Matrosen, wie sie alle zusammen starben. Die vergifteten Matrosen, wie sie verrückt wurden und sich ins Meer stürzten. Monat um Monat auf Irrfahrt mit diesem Jungen. Dominique, das einzige weibliche Wesen an Bord, der einzige Fluch. Die Pest der Blume der Antillen.

»Meine Männer sterben mir weg. Was hast du damit zu tun?«, fragte der Kapitän. Der Koch Gonzalo zuckte die Achseln. Was hatte er damit zu tun? »Da ist irgendwas im Essen, im Wasser. Du setzt ihnen etwas vor, das nicht gesund ist«, sagte der Kapitän. Der Koch musste fast lachen. Dieser Sturm, dieses Fehlen von Richtung und Ziel, und der Kapitän gab seinen Kartoffeln die Schuld?

Aber die Matrosen starben weiter. Die Matrosen starben alle auf einmal. Waren vergiftet, wurden verrückt, fielen einander in die Arme, nur fort von Dominique.

»Es ist der Kleine, Kapitän, der Kleine. Er ist es, der uns alle tötet«, sagte ein sterbender junger Matrose, der in den Armen seines Kapitäns alterte. Der Kapitän lachte. »Was sagst du da, Mann? Er ist eine unschuldige Seele. Die Blume der Antillen. Wie sollte ein solches Geschöpf morden können?« In den Fingern spürte er den Tod des Matrosen und schloss ihm die Augen.

So gingen sie dahin, einer nach dem anderen. So gingen sie dahin, alle zugleich. Die Matrosen starben weg, und bald waren nur noch der Junge, der Koch, der Kapitän übrig ..., so gut wie niemand.

Der Kapitän hielt das Steuer fest umklammert und versuchte, den Wind zu bezwingen, die Wellen zu bezwingen. Versuchte, seine eigenen Wünsche und Zweifel zu bezwingen, Wünsche und Zweifel, die ihn dahin gebracht hatten, wo er sich jetzt befand. Verloren, aber zur Aufgabe noch nicht bereit, kam er zu dem Schluss:

»Gonzalo ... Der Koch ... Es ist der Koch. Gonzalo hat meine Männer vergiftet, hat sie gegen mich aufgehetzt. Er hat uns vom Kurs abgebracht und Kurs auf den Tod genommen, weil er mit dem Jungen allein sein wollte. Das war sein wahnsinniger Plan. Ich muss ihn zur Ordnung rufen.«

Ein langer Schluck Rum. Einmal ins Auge des Sturms gespuckt. Dann überließ der Kapitän das Steuer dem Wind, das Schiff seinem Schicksal und stieg, die Pistole in der Hand, hinunter in die Kombüse.

Der Koch wartete schon ...

»Gonzalo, alter Freund, was hast du getan? Welches Gift ist in dein Herz gedrungen, dass du meine Männer umgebracht hast, unsere Männer, deine Kameraden? Weißt du nicht, dass dies dein eigenes Ende bedeutet? Jetzt, wo nur noch wir beide übrig sind, was bleibt dir da?«

Der Koch grinste zynisch. »Der Junge ist auch noch übrig ...«

Mit einer Hand nahm der Kapitän einen weiteren Schluck Rum, mit der anderen hob er die Pistole und zielte auf den Koch. »Gonzalo, ach, mein alter Gonzalo, war es das, was du vorhattest? Mit Dominique zu verschwinden? Dieses Schiff steuerlos treiben zu lassen, mit all unseren toten Seelen, fern von unseren Familien?«

Blitzschnell näherte sich der Koch und riss dem Kapitän die Rumflasche aus der Hand. Er trank einen Schluck. »Ihr seid es, der verrückt ist. Dominique ist mein Kind.«

Der Kapitän hörte nicht auf. »Gonzalo, mein alter, klappriger Gonzalo, wolltest du mit ihm allein sein, mit meinem Jungen? War es bloß das? Wolltest du ihn mir wegnehmen?«

Verärgert wiederholte der Koch: »Dominique ist mein einziges Kind«, und dann reichte er dem Kapitän die Flasche zurück.

»Gonzalo, ach, Gonzalo ...« Der Kapitän trank noch einen Schluck – »Was für ein Verhängnis!« – und schoss.

Dann sah er sich um. Wo war der Junge? Wo bist du, Dominique, meine Prinzessin, mein Sohn? Mein Sturm, meine Pest, Blume meiner Antillen. Der Kapitän suchte eine Weile, bis er sich erinnerte: Der Junge konnte nur schlafen. In seinem Bett, in seiner Kajüte, warm und geschützt. Nur sie beide waren übrig, trieben dahin. Er würde ihn wecken und trösten, er würde ihn beschützen. Nichts würde geschehen, sie würden gerettet werden. Sie würden im nächsten Juni erwachen, an Land gespült. Der Kapitän und sein Junge.

Als er die Kajüte betrat, sah der Kapitän den Jungen im Bett, schlafend. Wie schön er war. Die Augen geschlossen. Ein Lächeln im Gesicht. Ein unglaublich weißes Lächeln auf roten Lippen. Der Kapitän näherte sich, um den Jungen schlafen zu sehen. Näherte sich, um zu sehen, wie das Lächeln so sein konnte, so rot ...

Es war ein neues Lächeln, ein offener Schlitz, ein Schnitt durch die Kehle. Dort lag Dominique, die Kehle durchschnitten.

»Was konnte ich noch tun auf diesem Geisterschiff? Was konnte ich tun, als mich dem Meer anzuvertrauen? Als von diesem Ungeheuer, *Juno Próspero*, zu springen? Ich ließ den Körper des Jungen zurück und ging von Bord.«

Diese Äußerung gehörte Hauptmann Alonso. Sebastião vernahm sie, drehte sich um und erblickte den Polizeichef.

»Wir sind schon einmal hier gewesen, Bastião. Zufällig hatte die *Juno Próspero* diese Insel erreicht. Ich sprang ins Meer und erwachte an ihrem Ufer, vor einem ganzen Leben. Für ein neues Leben. Ich dachte, ich hätte die Blume der Antillen hinter mir gelassen.«

Sebastião blickte zu dem Kind, dessen Hals von der Korallenkette verborgen wurde. Dann blickte er wieder zu Hauptmann Alonso und sah ihn seine Waffe heben.

»Aber sag, Bastião, alter Freund, was machst du hier an Bord? Was willst auch du von meinem Jungen?«

übersetzt von Enno Petermann

Fabrício Corsaletti

DIE TANTE DES TYPEN
UND DIE OMA MEINES FREUNDES

Mama und ich haben nachmittags immer eine zusammen geraucht, am Fenster meines Zimmers oder unten im Wohnzimmer, obwohl wir wussten, dass es verboten war. Mein Vater hatte es verboten, wegen meiner Bronchitis, aber auch weil sein eigener Vater vom Rauchen ein Lungenemphysem bekommen hatte. Sein Vater war der Großvater, mit dem ich früher zur Fazenda fuhr und die Namen der Bäume lernte: *farinha-seca*, *angico*, *lapacho*, Feuerranke. Mein Großvater rauchte heimlich, ich war der Einzige aus der Familie, vor dem er sein Laster nicht geheim hielt, und er erzählte mir Geschichten aus der Zeit, in der er Tomaten anbaute und Pferde zähmte.

Es war meine Schwester, die mir das Rauchen beibrachte. Sie machte sich über mich lustig: »Was ist denn so schwer daran?« Sie war jünger als ich und lernte schnell. Damals ging sie samstags immer in die Disco, und sonntags stand sie verkatert an der Ecke bei der Bank und unterhielt sich. Ich probierte es wieder und wieder, aber es half nichts – außerdem kratzte mein Hals. So ging das Tag für Tag, manchmal zu Hause mit Frango oder Lelê, die dann den Lehrer spielten. Cátia, unsere Angestellte, machte uns Kaffee dazu. »Kinder, Kinder«, sagte sie, verpfiff uns aber nie. Bis ich den ersten Zug nahm, ohne zu husten, dann die ganze Zigarette – und in weniger als einem Monat rauchte ich eine Schachtel am Tag. Ich war fünfzehn Jahre alt.

Meine Mutter war Anfang dreißig und kam nachmittags um vier oder fünf von der Arbeit nach Hause, rief »Sohnemann!«, ich legte mein Buch beiseite, zog meine Zigarettenschachtel aus der Schreibtischschublade und ging in die Küche. Meine Mutter bewahrte ihre in der kupfernen Teekanne auf, denn bei uns trank niemand Tee. Papa kam immer erst um sechs, manchmal um sieben – und wir gingen nach unten ins Wohnzimmer oder in mein Zimmer. Ich stieg auf die Fensterbank, und Mama setzte sich aufs Bett, das danebenstand.

Sie zog sich die Schuhe aus und erzählte von ihrem Arbeitstag, dabei lachte sie oder sagte: »Eine Stinkwut hab ich!« – sie war nicht gerne wütend. Einmal fragte sie, ob ich gelernt hätte, und ich antwortete, das sei nicht nötig gewesen, ich sei ohnehin erledigt. »Na toll!«, meinte sie und erinnerte mich an irgendeinen Freund, bei dem es in der Schule nicht gut lief, sein Vater wollte ihn umbringen. »Das ist kein Scherz!« Ich betrachtete unser Haus, das aussah wie ein Schloss auf einer Bergspitze, in dem vornehme Leute wohnten, und unseren Hof, wo ich einmal einen Sheriffstern begraben habe, um zwanzig Jahre später nach ihm zu suchen, und wo überall Mangos lagen, die in der Sonne verfaulten. Der Himmel hatte sich – wie das Fleisch der Mangos – orange gefärbt.

Meine Zigaretten waren stärker als die meiner Mutter, dennoch rauchte ich zwei, sie nur eine. Dann wollte sie duschen, und ich steckte mir noch eine an, bevor ich ebenfalls ins Bad ging. Sie verließ das Zimmer, ihre weißen Schuhe in der Hand: »Ach, herrlich, jetzt duschen zu gehen.« Ich las noch einmal das Gedicht von Drummond oder Bandeira, denn seit zwei Jahren las ich Gedichte, und ich las nur Bandeira und Drummond. Wer von den beiden war Batman, wer Robin? Ich konnte es nicht sagen, ich, der alles in Batman und Robin einteilte. (Meine Zigarette war Batman, die meiner Mutter Robin.)

Wenn Papa kam, waren wir frisch geduscht und schauten eine Telenovela, oder ich saß mit Gustavo im Auto, das ihn sein Vater ohne Führerschein fahren ließ. Meine Schwester war zu jener Zeit in einen Typen verliebt, der älter war als ich, und Papa wurde eifersüchtig, manchmal kam ich nach Hause, wenn die beiden gerade stritten. Papa fing auch Streit an, wenn er einen von uns rauchen sah. Einmal zerschlug er vor den Augen meiner Freunde beinahe den Tisch, weil er hörte, wie wir über Zigaretten redeten. Alle hatten angefangen zu rauchen, und man sprach von nichts anderem: Es sei gut nach dem Essen, beim Kacken, zum Bier, nach dem Vögeln. Allerdings glaube ich, dass niemand von uns damals schon gevögelt hatte. Papa ging gerade durch die Küche, hörte das Gespräch, er brüllte los und schlug auf den Tisch ein.

»Junge, da ist es besser, Kokain zu schnupfen, ich schwör dir, das wäre mir lieber.«

Doch mir war es nicht lieber, übrigens hatte ich auch noch nie in meinem Leben Kokain gesehen. Haschisch hatte ich schon ausprobiert, das war fast zur gleichen Zeit wie die Zigaretten, als wir einmal abends tanzen gingen. Wir waren mit dem Auto unterwegs, zu viert oder fünft, zwei Freunde aus Kindertagen, an die anderen erinnere ich mich nicht. Ich musste ordentlich kotzen, auf der Toilette des Clubs und sogar auf der Terrasse, vor den Augen der Leute, vor Debora, total peinlich. Heute können wir darüber lachen, wobei ich selbst nicht unbedingt mitlache, ich habe nie großen Gefallen an der Vergangenheit gefunden, selbst an den lustigen Dingen nicht.

Eine lustige Sache zum Beispiel: Die Mutter eines Freundes kam ihren Sohn im Studentenwohnheim besuchen. Stimmt nicht: Sie kam, weil sie auf Toilette musste. Sie war in Begleitung ihrer Mutter. Aber mein Freund war nicht da, nur ein anderer Freund, er sah gerade fern. Sie sagte, sie würde auf ihren Sohn warten, bis er zurück sei. Eine Minute später ging sie aufs Klo, und als sie es verließ, stank es. Unterdessen kommt eine Tante des anderen Freundes aus dem Zimmer, das am nächsten zum Bad liegt, aber weit entfernt vom Wohnzimmer, ohne zu wissen, dass Besuch da ist. Sie bemerkt den Geruch, lacht und ruft ihrem Neffen zu, er solle in Gottes Namen die Kerze anzünden. Zu Hause haben sie in solchen Fällen immer eine Kerze verwendet. Die Mutter und die Oma meines Freundes standen auf und sagten, sie kämen ein andermal wieder.

Es ist eine lustige Geschichte, aber ich erinnere mich nicht gern daran. Wenn doch, ist da ein seltsamer Beigeschmack, zwei Personen nicht die ihnen gebührende Aufmerksamkeit geschenkt zu haben: der Tante des Typen mit dem Fernseher und der Oma meines Freundes. Ich weiß, dass diese Geschichte unvollständig ist, wenn man den beiden keine Aufmerksamkeit schenkt. Die Tante meines Freundes macht mich an, weil sie unerwartet in die Geschichte platzt, an einem heißen Nachmittag, es war ein Dienstag, weiße Bluse, kein BH darunter. Und die alte Dame, wer ist sie? Ich stelle mir vor, dass sie ein grünweiß kariertes Kleid trägt, die Hände im Schoß gefaltet. Alte, aber gut erhaltene Schuhe. Sie schaut fern, ohne über den Quatsch zu schimpfen, der dort läuft. Steht sie über der Geschichte? Nein, sie denkt daran, dass sie das Fenster im Wohnzimmer offen gelassen hat und es nach Regen aussieht. Die alte Dame gefällt mir. Mit anderen Worten, die Geschichte ist gar nicht so lustig. Oder sie ist überhaupt nicht lustig. Zugegeben, das Ganze könnte auch auf meinem Mist gewachsen sein. (Die Tante ist Batman, aber die alte Dame ist nicht Robin.)

Zurück zu den Zigaretten. Meine Mutter fing zur gleichen Zeit wieder an zu rauchen, als meine Schwester und ich unsere ersten Züge nahmen. Sie hatte in ihrer Jugend geraucht, aber aufgehört, als ich unterwegs war. Mein Vater hat nie geraucht, und darauf war er stolz. Wenn ich mich recht erinnere, sah ich ihn aber doch einmal rauchen, auf der Hochzeit eines Verwandten. Ich war hinter einen Zaun der Fazenda gestiegen, um mein Geschäft zu verrichten, da sah ich meinen Vater, wie er auf der Motorhaube des Wagens eines Bekannten saß, die Zigarette im Mundwinkel und eine Flasche Bier in der Hand, und den Feldweg entlangkam, ungefähr fünfzig Meter von meinem Versteck entfernt. Er war betrunken, das beige Hemd geöffnet, ich fand das schick, dann entdeckten mich die anderen Jungs.

Meine Mutter fing wieder an zu rauchen, indem sie mich um Zigaretten bat. Meine Schwester schnorrte ebenfalls bei mir, und ich liebte es, mit der Packung in ihre Richtung zu wedeln, sodass sich eine Zigarette lockerte, die sie nur noch herausziehen mussten. Natürlich bot ich ihnen Feuer an. Meine Schwester sagte: »Ja, bitte«, meine Mutter hatte keine Eile.

Obwohl es nicht zu spät werden durfte, denn wäre Papa einmal früher von der Arbeit gekommen, hätte die Sache ungemütlich werden können. Aber das passierte nicht, Papa erfuhr nie, dass Mama und ich nachmittags zusammen eine rauchten, wenn er nicht da war. So ging es über drei Jahre, bis ich von zu Hause auszog, um zu studieren. Mein Vater wurde misstrauisch, er vermutete, dass ich rauchte, aber er wusste nicht, dass ich mit Mama rauchte, also mit ihrem Einverständnis. Wenn er das wüsste, wären wir verloren, dachte ich damals, denn Vater war zu jener Zeit sehr angespannt. Jedes Jahr zerschlug er den kleinen Tisch im Esszimmer, bis der Tag kam, an dem meine Mutter beschloss, keinen neuen mehr zu kaufen. Von da an zerschlug mein Vater nichts mehr (höchstens das ein oder andere Glas), und wenig später wurde er eingewiesen. Danach war alles wieder gut.

Als ich zwanzig Jahre alt war, starb mein Großvater, und ich hörte auf zu rauchen. Meine Mutter ebenfalls. Die Entscheidung trafen wir gemeinsam, am Telefon:

»Ich werde nicht mehr rauchen«, versprach ich für meinen Opa.

»Wunderbar, dann hör ich auch auf.«

Und wir hörten beide auf, es war gar nicht schwer, ich wurde nicht wieder rückfällig. Meine Mutter auch nicht.

Dann begannen sie und mein Vater, gemeinsam zu verreisen, nur sie beide, was sie nie gemacht hatten, als ich noch bei ihnen gewohnt hatte. Meine Schwester war zum Studieren ebenfalls von zu Hause ausgezogen, sie wollte heiraten, ein geordnetes Leben, eine glückliche Familie. Mein Vater bastelte Plakate mit Liebesbotschaften für Mama (»Danke für deine Geduld«) und hängte sie in der Küche auf, er schrieb Briefchen auf dem Computer, druckte sie aus und klebte sie an den Badezimmerspiegel, kaufte CDs mit spanischer Musik vom Schwarzmarkt, und Mama holte ein altes Kochbuch hervor, besuchte einen Kurs, Papa einen anderen, er hat nie wieder jemanden vor den Kopf gestoßen. Meine perfekte Mutter wies allmählich Fehler auf.

Ich fing aus Dummheit wieder an zu rauchen, eine gute Freundin bot mir eine Zigarette an, und ich nahm sie an. Nach einem Jahr musste ich wieder husten und bekam Bronchitisanfälle. Meine Mutter ist misstrauisch, aber ich rauche nie in ihrer Gegenwart, wenn wir uns an den Feiertagen sehen. Mein Vater hat mich einmal dabei erwischt und gemeint, es sei schließlich meine Lunge, dann hat er sich abgewendet und sein Gespräch mit irgendeinem Freund fortgesetzt. Meine Mutter ermuntert mich, wandern zu gehen, das mache ich und werde allmählich meine Wampe los. Sie sagt, eines Tages werde ich heiraten, und einmal schickte mir meine Oma, die nicht gestorben ist, diese Nachricht:

»Der Deckel zu deinem Topf ist hier.«

Die Feiertage verstreichen ohne größere Probleme.

Manchmal nehme ich abends das Auto meiner Eltern und fahr los, kauf mir ein Päckchen, rauche drei, vier Zigaretten hintereinander. Ich fahre durch alle Stadtteile, werde müde vom Fahren und huste, bevor ich nach Hause komme. Wenn der Husten aufgehört hat, gehe ich auf mein Zimmer. Doch bevor ich schlafe, beginnt meine Kehle zu kratzen, ich habe einen Frosch im Hals. Dann halte ich mir das Kopfkissen vors Gesicht, drücke – und huste, was das Zeug hält. Aber der Ton wird erstickt, ihr Zimmer ist weit weg, meine Eltern können nichts hören.

übersetzt von Sarah Otter

Estevão Azevedo
ROT UND WEISS

Wenn der Clown das Fest verlässt, ist es mit seinem Zauber vorbei. Sein Gesicht ist noch bunt geschminkt, doch unter der Haut fließt allein rote Farbe durch das Labyrinth der Adern – die nur dann zu schillern beginnt, wenn sie, vom Prisma des Körpers gebrochen, die Augen der kleinen Gäste zum Leuchten bringt. Der Clown zaubert ein Lächeln aus dem Hut und würde doch viel lieber einen Menschen aus sich selbst zaubern. Einmal, bei irgendeiner Schulfeier, hatte er den einfältigen Polizisten gespielt, dem der Räuber immer wieder einen Tritt in den Hintern verpasste. Ein anderes Mal war er auf einem Kindergeburtstag, als Affe verkleidet, kreischend auf einem Einrad herumgefahren. Die Kinder lachten sich tot, er lebte vom Lachen der Kinder. Aber was zeigte er wirklich von sich? Wenn er nach Hause kam, wusch er sich längst nicht immer sofort die Farbe aus dem Gesicht. Erst schaute er die Post durch, an einen Namen adressiert, von dem er wusste, dass es seiner war. Er nahm eine leichte Mahlzeit zu sich. Las die Zeitung. Dann erst das heiße Wasser aus der Brause, die Fasern des Schwamms, der die Poren reinigte, wohliges Stöhnen und ein vielfarbiger Fluss, der an ihm herabrann – jetzt erst kam seine eigene Farbe wieder zum Vorschein: halb ocker, halb erloschen.

Am Ende eines Tages voller fremder Gedanken – es war ein Samstag – beschloss der Clown, sich nicht gleich schlafen zu legen. Er würde ausgehen, sich irgendwo vergnügen. Ein eisiger Nachtwind wehte, er zog seine blaue Jacke an und verließ die Wohnung. Auf der Straße bemerkte er einen winzigen roten Fleck an seinem Handgelenk. Diese verdammte, billige Farbe, man bekam sie aber auch gar nicht ab. Egal, niemand würde den Fleck bemerken, und dieser Gedanke bekümmerte ihn mehr, als dass er ihn beruhigte. Er setzte sich an den Tresen einer Bar und schaute sich um: Drei Typen erzählten sich gegenseitig Witze und schüttelten sich vor Lachen. Ein Mädchen saß vor einem grell leuchtenden Getränk, das der Grimasse zwischen zwei Schlucken nach auch sehr stark war.

Hi.

...

Alles in Ordnung?

Der Blick des Mädchens füllte sich mit süßlichem Hass, als sickere das Gebräu in ihre eben noch trüben Augen. Sie blickte mit gleichgültigem Hass durch ihn hindurch und dann wieder auf ihr Glas. Er kehrte zurück an seinen Platz, bestellte ein Bier und gestand sich ein: Er hatte sich nicht besonders geschickt angestellt. Die drei Männer an der Bar kamen solidarisch zu ihm herüber. Sie richteten ein paar Sätze an das Mädchen, das sogleich erfreut auf die drei einging. Lieber in gemeinsamer Dummheit das Abendmahl empfangen als sich allein zum richtigen Glauben bekennen. Beschäftigt mit ihren Eroberungsplänen, kümmerten sich die drei Typen nicht weiter um ihn. Er war ein stummer Statist auf der Bühne. Er bestellte noch eine Flasche Bier. Bald drangen die Stimmen der anderen nur noch gedämpft zu ihm vor.

Der Clown hat verschlafen, auf der anderen Seite des Zifferblatts wartet ein Kind auf ihn und seine Verkleidung. Die Venen am Kopf pulsieren, ein gutes Zeichen, wenigstens rührt sich unter all den Farbschichten noch etwas. Er nimmt eine Schmerztablette, zu viel Herz kann den Auftritt des Clowns vermasseln. Ein weißer Streifen um den Mund. Schwarze Striche auf den Lidern. Unter der roten Kugel bekommt er kaum mehr Luft. Gleich wird es losgehen, der Clown leidet für die anderen und bringt sie zum Lachen, dieser komische Poet der Gesten. Als er den vollen Saal betritt, fängt ein Kind an zu weinen.

Die Mutter beruhigt das Kind.

Nicht weinen, mein Schatz, nicht weinen. Er ist doch nur verkleidet, darunter steckt ein Mensch.

Eine schwindelerregende Erkenntnis, der Clown stolpert über seine Füße, die in viel zu großen, spitzen Schuhen stecken, tölpelhafter Tanz zum Takt des Satzes in seinem Kopf, der seinen Körper zu beleben scheint, »darunter steckt ein Mensch« und das linkische Ballett bringt die Kinder zum Lachen. Darunter war er ein Mensch. Und sogar die Mütter, die ihn vorher nicht beachtet und sich mit ihren Freundinnen über ihre Kinder unterhalten hatten, fühlten ein Beben, eine Bewegung der Seele, sahen einen Clown, der gleich in Stücke zerbrechen würde, weil sein Sturz unvermeidlich war. Schon fiel er zu Boden, stand wieder auf und verließ in einem Anflug von Übelkeit die Bühne, er griff nach seiner Tasche und rannte durch die vordere Tür aus dem Saal. Einige Minuten lang herrschte Stille. Alle warteten auf die strahlende Rückkehr des Clowns und hielten den Atem an. Doch der Clown kam nicht wieder.

Er war ein Mensch! Und wenn er zuvor keiner gewesen war, wann hatte dieses Trugbild mit seinen Farben, die so irreal wie ein aschgrauer Frühling waren, wann hatte dieses unsichtbare, erdrückende Trugbild das Licht der Welt erblickt?

Der Clown eilte durch die Straßen, die Leute schauten ihm nach. Ein Mensch war unter den zahllosen Verkleidungen hervorgekommen, bemerkten sie ihn auf einmal? Wie sollte er, der Abend für Abend unzählige Variationen ein und desselben Bildes inszeniert und dafür Applaus geerntet hatte, die Übelkeit erregende Verantwortung ertragen, sich als eine einzige Person zu verstehen? Das erschrockene, geschminkte Gesicht mit den leuchtenden Hosenträgern, die eine viel zu große Hose hielten, rannte durch die Stadt und erregte Argwohn.

Zu Hause führte ihn sein allererster Weg ins Bad. Im Spiegel war alles wie immer, bei jedem Blick sah ihm ein anderes Wesen entgegen. Er ließ Seife in die Hände laufen, drehte das Wasser auf und schrubbte. Schrubbte mit der Vehemenz eines Ertrinkenden, der um sich schlägt. Er fuhr mit den Fingernägeln über seine Haut, als wolle er weißes Geschirr von einer dicken, ekelerregenden Fettschicht befreien. Die rote Schminke tropfte ins Waschbecken. Um sein wahres Gesicht zu finden, schrubbte er mit geschlossenen Augen und mit dem Furor eines Liebenden. Darunter steckte ein Mensch. Tiefrote Farbschlieren färbten schon das Waschbecken, den Wasserstrahl, seine Fingernägel, als er schließlich innehielt, die Augen öffnete und sich im Spiegel betrachtete. Was er sah, war das immer noch geschminkte Gesicht eines Clowns, blendendweiße Haut, schwarzer Strich über den Lidern, ein eingefrorenes Lächeln auf den Lippen und rotes Blut, das ihm über die Wangen rann und auf die Brust tropfte.

übersetzt von Odile Kennel

Katherine Funke

HÜHNERHERZ

Ich nehme jeden Job an. Schon lange, schon seit ich aus Belo Horizonte weggegangen bin. Tankwart, Verkäufer, Einwinker auf einem Flughafen, Pizzajunge, ich hab schon alles gemacht. Und jetzt also Kellner. Finde ich überhaupt nicht schlimm. Ist für mich eine Herausforderung.

Die Leute denken, Kellner haben es leicht – Bestellung aufnehmen, holen, bringen. Ist mit links erledigt, oder so. Dabei ist das längst nicht alles. Die Leute haben keinen blassen Schimmer davon, was hier los ist, wenn jemand einen frisch gepressten Traubensaft bestellt und die Trauben ausgegangen sind. Nur wer vom Fach ist, kennt das Gerenne.

Mir ist das gleich in der ersten Woche passiert. Es waren keine Krabben mehr da. Der Chef sagte, wichtiger Kunde, und drückte mir den Motorradschlüssel in die Hand. Ich konnte es nicht fassen: eine Harley. Am liebsten wäre ich in diesem Augenblick auf Nimmerwiedersehen hinter der nächsten Ecke verschwunden.

Natürlich war daran nicht ernsthaft zu denken. Ich war komplett abgebrannt, ohne einen Cent in der Tasche, meine Telefonkarte leer, mir blieb gar nichts anderes übrig, als zu arbeiten. Ich war so schnell wieder zurück, dass ich zum offiziellen Retter in der Not auserkoren wurde. Jedes Mal, wenn ich das Motorrad bestieg, hatte ich Fluchtgedanken, doch der Fahrtwind pustete sie mir aus dem Kopf.

Das ging eine ganze Weile so. Bis ich eines Tages Ritinha bediente.

Sie setzte sich an den Tisch am Fenster, von wo aus man einen Blick auf die Straße hat. Blond. Blendend. Tiefe Stimme, tiefblaue Augen. Sie bestellte ein Bier und eine Portion Hühnerherzen. Die Hühnerherzen mussten erst noch besorgt werden. Ich gab mein Bestes. Mein Herz klopfte wie das eines Kükens, als sei es selbst ein Häppchen. Als ich zurückkam, rauchte die Schöne und war schon beim zweiten Bier. Ich stieg vom Motorrad, und mir schien so, als beobachtete sie mich, als ließe auch ich sie nicht ungerührt. Ich brachte ihr die Bestellung an den Tisch und flunkerte:

»Ich hab die besten Hühnerherzen der Stadt für Sie besorgt.«

Sie pustete mir Rauch ins Gesicht und lächelte. Sie blieb zweieinhalb Stunden. Bestellte noch fünf Bier und eine weitere Portion Hühnerherzen. Sie trank, rauchte, kaute langsam und schaute mich an – was für tiefblaue Augen!

Als ich die Rechnung brachte, wechselten wir ein paar belanglose Worte. Sie zahlte mit Scheck.

Auf der Rückseite, ihre Telefonnummer.

Später, von zu Hause aus, rief ich sie an.

»Hier Rita.«

»Ich bin's. Ich hab dir die besten Hühnerherzen der Stadt besorgt.«

Sie schwieg einen Augenblick. Ich glaube, sie rauchte.

Ich hielt gespannt die Luft an.

»Mir ist das Wasser im Mund zusammengelaufen.«

Sie hatte eine zauberhafte Stimme. Samtig und weich.

»Wirklich?«

»Wirklich.«

Jetzt war mir auch nach einer Zigarette zumute. Nach einer von meinen.

»Sehen wir uns wieder?«

»Das hat keinen Zweck.«

Sie war kurz davor, nach Belo Horizonte zu ziehen.

»Da komm ich her.«

»Echt? Ich auch.«

»Ich muss meinen Großvater pflegen. Er ist krank. Er …«

Ein Bus fuhr auf der Straße vorbei, mit grölenden Fans, die den Sieg eines Fußballteams der Regionalliga feierten. Ich verstand kein Wort von dem, was sie noch sagte, aber ich hatte das Entscheidende erfahren: Ich hatte ihr gefallen, und wir kamen beide aus derselben Stadt. Ich sah dem Bus hinterher und war glücklich.

»Ich will dich wiedersehen, bevor du wegziehst. Und wenn's das letzte Mal ist.«

Ob ich einen Stift zur Hand hätte, fragte sie.

»Ich geb dir meine Adresse.«

Bingo. Als ich am nächsten Tag zur Arbeit kam, stand mein Entschluss fest. Ich wusste nichts über Ritinha, aber die Harley würde mich zu ihr bringen, das zumindest war klar. Sie ging mir den ganzen Tag nicht aus dem Kopf, und meine Hände schwitzten so sehr, dass ich zwei Notizblöcke durchweichte. Auf der Straße rannte ich fast eine Frau um. Niedergeschlagen kehrte ich nach Hause zurück. Ich wählte ihre Nummer.

»Wann ziehst du nach Belzonte?«

»Am Sonntag.«

»Allein?«

»Ja.«

»Ist dein Großvater noch im Krankenhaus?«

»Mmh.«

Ich hörte, wie Eiswürfel in ein Glas fielen und jemand eingoss.

»Bist du traurig, Ritinha?«

»Nein, bin ich nicht.«

Am nächsten Tag, einem Donnerstag, war ich eine Stunde früher als sonst im Restaurant. Ich durfte mir keine Gelegenheit entgehen lassen, an die Harley zu kommen. Wir würden zusammen nach Belzonte gehen, Ritinha und ich. Das mit der Harley würde ich hinterher klären, würde sie zurückbringen, irgendwas würde mir schon einfallen.

Ich arbeitete bis zum Morgengrauen. Nichts fehlte. Am Freitag legte ich eine Doppelschicht ein. Wieder nichts. Ich rief Ritinha von zu Hause aus an, aber es war schon zwei Uhr morgens. Sie ging nicht ans Telefon. Samstag wählte ich erneut ihre Nummer, bevor ich die Kellneruniform anlegte. Ein Mädchen sagte, Ritinha sei ausgegangen.

Es wurde ein schrecklicher Samstag. Anspruchsvolle Kunden, volles Haus. Abends schickte man mich Butter besorgen. Ich beeilte mich, versteckte meinen Rucksack unter der Jacke. Ich war ziemlich müde, doch mein Herz hüpfte wie das eines jungen Hahns. Im Supermarkt kaufte ich eine Telefonkarte. Ich wählte Ritinhas Nummer.

Am anderen Ende der Leitung war ein Mann.

»Rita de Cássia? Sie ist verreist.«

»Verreist?«

»Am Donnerstag Abend. Ihr Großvater ist gestorben.«

»Und hat sie vielleicht eine Nachricht für mich hinterlassen?«

»Was war noch mal Ihr Name?«

»José. Kellner im …«

»Ah ja. Einen Augenblick bitte.«

Der Mann legte den Hörer beiseite und entfernte sich.

Meine Telefonkarte war leer.

Ich stand vier Minuten an, um eine neue zu kaufen.

Hätte ich nur vor zwei Tagen …

»Die Nachricht lautet: Treffpunkt an der Autobahn nach Belo Horizonte am Zwanzigsten dieses Monats. Zwischen 22 Uhr und Mitternacht.«

»Sonst nichts? Keine Telefonnummer, keine Adresse? Oder haben Sie vielleicht ihre Telefonnummer?«

»Nein. Nein. Nein.«

»Nein?«

»Nein.«

Ich kehrte mit der Salami ins Restaurant zurück. Es war der Zwanzigste, zehn Uhr abends.

Ich machte Pause, zog die Kellneruniform aus und setzte mich an den Tisch am Fenster. Dann bestellte ich ein Bier und eine Portion Hühnerherzen.

übersetzt von Odile Kennel

Daniel Galera

LAILA

Ich lernte Laila im Garten eines Kindergartens in der Südzone von Porto Alegre kennen, und Jahre später begegneten wir uns wieder in der damals noch sogenannten Unterstufe in der Schule, obwohl wir nie in derselben Klasse waren, und dann trafen wir uns noch einmal an der Uni, nachdem wir in der damals noch sogenannten Oberstufe drei Jahre lang ein unterschiedliches Gymnasium besucht hatten, und wir wurden Freunde, die sich zwar selten sehen, aber sehr wohl wissen, dass diese seltenen Begegnungen für das eigene Leben die höchste Stufe der Notwendigkeit darstellen, ohne dass man dies wirklich erklären könnte.

Im Garten des Kindergartens gab es einen Wald, der in Wirklichkeit kaum mehr als ein Wäldchen gewesen sein dürfte, der aber immerhin so groß und dicht war, dass zwei meiner kleinen Kameradinnen, Daniela und Daniela, mich hineinzerrten und nötigten, sie, wenn auch schamhaft, zu küssen, ohne dass die Lehrerin uns dabei erwischte. Eines Tages ertappte uns jedoch ein Mädchen mit braunen Haaren, das kleiner war als ich und die beiden Danielas, es trug einen Overall aus Segeltuch, der über und über mit bunten Klammern oder Schleifchen geschmückt war, und starrte uns schweigend an. Lange Zeit rührte sich keiner, bis das Mädchen schließlich auf mich zutrat und die Hand ausstreckte. Ich nahm sie, und das Mädchen zog mich zum Spielplatz, wo die anderen Kinder waren. Wir setzten uns auf das Drehkreuz und schwiegen, aber wir blieben die ganze Zeit zusammen, und ich wechselte nie wieder ein Wort mit den Danielas.

Ich kann mich an die Unterhaltungen mit Laila im Kindergarten nicht erinnern, und es wäre wohl auch übertrieben, das, was man sich in diesem Alter erzählt, als Unterhaltung zu bezeichnen, aber ich erkannte sie sofort wieder, als ich am ersten Schultag der sechsten Klasse am Zimmer der C vorbeiging und ein Mädchen in einem psychedelischen Led-Zeppelin-T-Shirt allein an der Wand lehnen sah, zwar eingeschüchtert von der Wiedersehensfreude, mit der sich ihre Klassenkameraden nach den Ferien um den Hals fielen und von der sie als Neue ausgeschlossen war, aber doch mutig genug, sich mit diesem T-Shirt gut sichtbar an die Tür zu stellen. Ich sprach sie an, obwohl ich in der A war. Es dauerte, bis sie sich an mich erinnerte, ich wiederum hatte ihren Namen vergessen, aber da wir uns über den Weg gelaufen waren, noch bevor sie erste Mädchenfreundschaften in der Schule schließen konnte, wurden wir so etwas wie Komplizen. Sie hörte Led Zeppelin und Gruppen wie Jethro Tull oder The Mamas and the Papas, wahrscheinlich wegen ihrer Eltern (obwohl ihr Name keine Anspielung auf Eric Claptons Lied, sondern auf eine alte arabische Legende war, die sie mir irgendwann einmal erzählte, eine Liebestragödie, die an Romeo und Julia erinnerte), und ich versuchte, sie für die Sachen, die gerade »in« waren, zu begeistern, Guns N'Roses oder Nirvana, aber sie konnte sich nicht dafür erwärmen und änderte erst viele Jahre später ihre Meinung, was ich erfuhr, als wir uns an der Uni wiederbegegneten, sie als frisch geprüfte Journalistin, ich als Marketing-Absolvent. Wir fielen uns lachend in die Arme, schüttelten den Kopf ob dieses so unwahrscheinlichen, zweiten Wiedersehens, ein Wink des Schicksals, wie ich fand, denn ich war in der sechsten, siebten und achten Klasse meistens in sie verliebt gewesen und hatte ihr dies mehrmals, leider vergeblich, offenbart. Lange war sie mir in der damals noch sogenannten Oberstufe nicht aus dem Kopf gegangen, bevor ich sie irgendwann dann doch vergaß. Wie dem auch sei, bei unserem zweiten Wiedersehen trug sie Kopfhörer, die sie mir mit den Worten aufsetzte: »Hör mal, was gerade läuft.«

Es war Nirvana. Irgendeine Live-Aufnahme, die damals noch auf Kassette kursierte.

»Nirvana«, sagte ich.

»Genau! Ich liebe Nirvana. Da bist du doch in der Schule auch drauf abgefahren.«

»Ich hab dir tausendmal versucht zu erklären, wie genial sie sind.«

»Ich hab mir ein paar Kassetten von meinem Cousin angehört und hab kapiert, dass sie echt der Hammer sind. Dieser Drive ...« Und sie erzählte alles Mögliche über Nirvana, das ich schon Jahre zuvor gesagt hatte, als die Band gerade auf dem Höhepunkt ihres Erfolges war. Doch inzwischen kannte ich Laila so gut, dass ihre Bemerkung meine jugendliche Leidenschaft erneut entflammte. Denn dies war – mehr als alles andere – das, was sie ausmachte: Sie brauchte viel länger als andere, je nach Thema manchmal Monate oder gar Jahre, um zu akzeptieren, zu begreifen oder überhaupt zu erkennen, was für die meisten von uns längst offensichtlich war, weil es uns erzählt oder beigebracht worden war, weil die Medien, der Zeitgeist, der eigene Biorhythmus oder das kulturelle Erbe der Menschheitserfahrung uns dahin gebracht hatten. Aber Laila ließ sich nicht überzeugen. Sie übernahm nicht einfach etwas von anderen. In meiner zarten Jugend hatte ich versucht, sie – abgesehen von solchen Kindereien wie Nirvana – von zwei grundlegenden Dingen zu überzeugen: der Nichtexistenz von Gott und der Tatsache, dass wir füreinander geschaffen waren. Von Letzterem wollte sie nie etwas wissen, wohl aber sah sie Ersteres am Ende der achten Klasse ein und unterbreitete mir ihre Überlegungen im Morgengrauen auf der Party eines Freundes, die in einer dieser schicken Wohnanlagen stattfand.

»Ich will ja gern glauben, dass es so etwas wie Transzendenz gibt«, sagte sie. Wir saßen gerade im Treppenhaus, das nach unten in den Partyraum mit Schwimmbad führte, starrten in die Dunkelheit, in die erdrückende Dunkelheit der Jugend, während das Echo der betrunkenen Partygäste von den Häuserwänden der Wohnanlage in unserem Rücken hallte. »Aber die Vorstellung von einem so ... greifbaren, so sehr nach unseren Bedürfnissen geformten Gott stört mich. Egal welche Definition ich von Gott lese, ich habe immer dasselbe Problem. Gott ist so offensichtlich das Ergebnis menschlicher Einbildung, dass sich eine philosophische Diskussion darüber im Grunde erübrigt.«

»Genau, Laila.« Mein Vater war Jude und Geschichtslehrer und liebte es, mich dazu zu bringen, über Dinge wie die Existenz Gottes nachzudenken, die ich tendenziell verneinte. Lailas Vater war ein sehr gebildeter Psychiater, ihre Mutter Kinderbuchautorin. Wir waren in dem Alter, in dem hypergebildete Jugendliche überzeugt sind, das Leben im Gegensatz zu den Erwachsenen durchschaut zu haben, und für einige unserer Einsichten waren Laila und ich die einzigen Gesprächspartner füreinander. »So ziemlich das Gleiche hab ich dir auch schon mal erzählt. Letztes Jahr, glaube ich. Weißt du noch?«

Doch sie erinnerte sich nie oder tat so, als erinnere sie sich nicht, oder sie erinnerte sich, aber es war egal, weil sie auf diese Ideen selbst kommen musste. Was ich gesagt hatte – meine hitzigen Argumente, mit denen ich sie für meine Ideen gewinnen wollte –, zählte nicht. Entscheidend war, dass sie die Ferien mit ihren Eltern in den Bergen verbracht hatte und während eines unglaublichen nächtlichen Gewitters allein im Ferienhaus geblieben war, ein Gewitter, bei dem die Natur ihre ganze physische und überhaupt nicht mystische Gewalt offenbarte, und sie hatte nachgedacht, während sie Gramado-Schokolade aß, und begriffen, dass Gott nicht existierte. Ihre persönliche Offenbarung entsprach in nicht wenigen Punkten dem, was ich ihr einige Zeit zuvor versucht hatte, begreiflich zu machen, doch ich konnte mir nie sicher sein, ob ihre Entdeckungen und Schlussfolgerungen tatsächlich ihre eigenen waren oder nicht. Vielleicht war sie auch einfach nur stur und sperrte sich prinzipiell gegen das, was man ihr erzählte, erklärte, beibrachte oder anvertraute, nur um lange danach und infolge irgendeiner persönlichen Erfahrung genau darauf zurückzugreifen und ihre Entdeckungen und Schlussfolgerungen der Welt zu offenbaren, als handele es sich um ihre eigenen, ganz persönlichen und nicht übertragbaren Ideen. Und vielleicht waren es ja auch ihre eigenen, ganz persönlichen und nicht übertragbaren Ideen, und die Ähnlichkeit und Zeitversetztheit war nur darauf zurückzuführen, dass wir alle im Laufe unseres Lebens zu den mehr oder weniger gleichen Schlüssen kommen, aber eben zu unterschiedlichen Zeiten und mit unterschiedlichen Methoden. Es war mir letztlich auch egal. Laila war eben so, und ich liebte sie jedes Mal mehr, wenn sie mir mit ihren vor Erstaunen oder Faszination weit aufgerissenen und von später Epiphanie leuchtenden Augen irgendetwas anvertraute. Sie vermittelte den Eindruck, es nicht eilig zu haben mit dem Leben. Sie war ein ruhiger Mensch und vom eigenen Glücklichsein in jedem Augenblick zutiefst überzeugt. Sie hielt sich nicht für naiv, denn sie wusste, dass die Welt auf sie wartete. Mir gefiel die Vorstellung, dass sie, in ihrem eigenen Tempo und auf ihre Weise, das Leben bald ganz und gar verstanden haben würde, ohne sich je von irgendetwas beeinflussen zu lassen, das vom Rest der Menschheit im Laufe der Geschichte gesagt, geschrieben oder gesendet worden war.

Während des Studiums behielt ich meine Gefühle für mich. Ich suchte Körperkontakt, wo immer ich konnte, machte Andeutungen, lud sie zu mir nach Hause ein, um einen Film anzuschauen, oder schlug vor, mit einem befreundeten Paar an den Strand zu gehen, aber ich sprach nie wieder aus, was ich in der Vergangenheit viel zu oft ausgesprochen hatte. Und dann teilte sie mir eines Tages mit der üblichen Ruhe und Überzeugung mit, dass sie unsere Freundschaft niemals durch Liebe oder gar leichtfertigen Sex aufs Spiel setzen würde. Im dritten oder vierten Semester fing ich etwas mit Rafaela an, einer rothaarigen BWL-Studentin, deren Eltern ein kleines italienisches Restaurant in der Südzone von Porto Alegre führten. Mit der Zeit sahen Laila und ich uns seltener, auch wenn wir weiterhin befreundet waren. Laila und Rafaela lernten sich kennen, und die wenigen Male, die sie sich über den Weg liefen, verstanden sie sich gut. Manchmal, wenn ich betrunken war und vom Leben genug hatte, betrachtete ich Laila als verpasste Gelegenheit, und in meinem narzisstischen, selbstmitleidigen Delirium sah ich mich selbst als einen Schatz, den sie verschmäht hatte. Aber das ging vorbei. Ich absolvierte zwei Jahre lang Praktika in Werbeagenturen und strebte eine Karriere als Artdirector an. Ich studierte sechs Monate Grafikdesign in Kanada. Rafaela wartete auf mich. Wir dachten darüber nach, zusammenzuziehen, und kurz vor meinem Abschluss suchten wir uns eine Wohnung. Zogen ein. Machten unser Diplom.

Laila hatte nicht nur zahlreiche Beziehungen in dieser Zeit, sie erzählte mir auch oft davon, und wie es für sie typisch war, teilte sie mir Überlegungen mit, die jemandem, der sie nicht gekannt hätte, wie sarkastische Witze erschienen wären. Zwei oder drei Jahre nach der Uni traf ich sie, als sie gerade in einem Einkaufszentrum zu Mittag aß. Ich setzte mich zu ihr. Nach zwei, drei schlechten Erfahrungen mit Liebhabern war sie an einem eisigen Sonntag zu dem Schluss gekommen, dass Männer unter Treue generell etwas anderes verstehen als Frauen. Lacht sie nicht aus. Wer Laila nicht kennt, wer die übertriebene Ehrlichkeit ihres Blicks und ihrer Gesten nie erlebt hat, kann nicht verstehen, dass diese Erkenntnis für sie mit ihren dreiundzwanzig oder vierundzwanzig Jahren tatsächlich eine zutiefst bewegende Offenbarung darstellte. Wo war sie die ganze Zeit gewesen? Hatte sie nie mit Freundinnen gesprochen, Jugendzeitschriften gelesen, Liebeskomödien gesehen? Hatte sie sehr wohl. Doch sie brauchte Jahre eigener Erfahrung und drei lumpige Liebhaber, um ein Klischee »endlich zu begreifen«, das selbst einer spätabendlichen Fernsehmoderatorin peinlich gewesen wäre. Würdest du sie so gut kennen wie ich, du könntest nicht anders als zu lächeln, wenn sie dich eines Nachts anriefe, um zu sagen, dass sie mit jemandem reden müsse, weil sie sich gerade mit düsteren Gedanken herumschlage, ihr sei nämlich klar geworden, dass die meisten Menschen den Tod leugnen, einfach nur das, den Tod leugnen, und zwar in allem, was sie tun, in jeder Handlung, jeder Geste vom Aufwachen bis zum Schlafengehen, und dann träumen sie, um den Tod zu leugnen. Es waren Gedanken, die sie seit ihrer Jugend mehr als einmal gehört haben musste, zumal du selbst sie damit konfrontiert hattest, als du sie noch mit dieser Art von massentauglichem Existentialismus beeindrucken wolltest und ihr sogar Bücher ausliehst, in denen ganze Abschnitte unterstrichen waren, die du mit ihr diskutiertest, um ihr die Begeisterung zu vermitteln, die diese Ideen damals in dir entfachten, nur um am Ende festzustellen, dass Laila nicht zu überzeugen war, dass sie das alles interessant fand, aber sinnlos, übertrieben, pessimistisch, eine grobe Vereinfachung dessen, wie die Welt wirklich war.

Doch so gut ich sie auch kannte und ihre Art liebte, ich hätte nie damit gerechnet, nach einem kurzen Wiedersehen bei der Premiere eines neuen Magazins der sehr erfolgreichen Werbeagentur, bei der ich arbeitete, von ihr eine Mail zu erhalten, in der sie vorschlug, einen Kaffee trinken zu gehen – eine

Einladung, die ich natürlich annahm, nicht zuletzt, weil ich ihr erzählen wollte, dass Rafaela und ich heiraten würden – und dann von ihr zu hören, sie sei in mich verliebt.

Sie habe das Gefühl, dass sie diese Liebe in sich trage, seit sie mich das erste Mal im Kindergarten gesehen und mich aus den Klauen der zwei Danielas befreit habe, aber erst jetzt, nach allem, was wir zusammen durchgemacht hätten, sei sie in der Lage, es zu begreifen, und ich müsse es ebenfalls begreifen. Zum ersten Mal in meinem Leben war ich wütend auf sie. Ich lauschte ihren langen Ausführungen, in denen sie mir die rationalen, leidenschaftlichen und vor allem unwiderlegbaren Gründe unterbreitete, warum wir füreinander geschaffen waren. Ich hielt stand und sagte, dass dies niemals gut gehen könne. Dass, selbst wenn ich Rafaela theoretisch verließe, ich diesen schwerwiegenden Schritt Laila nie verzeihen würde und dass ich nicht einmal wisse, ob ich noch die Gefühle für sie empfände, die ich einmal empfunden hatte.

Gerne würde ich jetzt erzählen, dass ich Rafaela für eine potenziell desaströse Beziehung mit Laila verließ, aber das entspräche nicht der Wahrheit. Laila und ich sahen uns weiterhin zwei-, dreimal im Jahr, merkten jedes Mal von neuem, wie sehr wir einander mochten, und fühlten, dass wir uns an irgendeinem Punkt verpasst hatten.

Und jetzt sitzen wir beide in Lailas Zimmer auf ihrem Bett, gehen schon auf die dreißig zu. Laila wird von Heulkrämpfen geschüttelt, und ihre im Kissen erstickten Schreie sind beängstigend, von kosmischer Größe, wie das Tosen einer Naturkatastrophe auf der anderen Seite eines Berges. Seit Monaten habe ich sie nicht gesehen. Sie hat mich vor zwei Tagen angerufen, weil sie Angst hat, sich etwas anzutun, und natürlich bin ich gekommen. Rafaela ist schwanger, und ich rufe alle zwei Stunden zu Hause an und erkundige mich, ob alles in Ordnung ist. Laila hat zehn Clonazepam in vierundzwanzig Stunden genommen. Sie hat keine Ahnung, warum sie in diesem Zustand ist. Sie behauptet, es sei »das Ganze«. Was soll man schon sagen in so einem Moment, ich streiche ihr einfach nur über den Kopf und backe *pão de queijo* im Ofen auf, weil ich weiß, dass sie das liebt. Wenn sie etwas später aus ihrer Starre erwachen wird, wird sie mich fragen, ob ich denke, dass das vorbeigeht, dass alles wieder gut wird. Sie wird verlangen, dass ich ehrlich bin, wird verlässliche Aussagen darüber wollen, was das Leben noch so für sie bereithält. Und während ich darüber nachdenke, was ich sagen soll, wird vor meinem inneren Auge sehr klar werden, dass mich Lailas existenzielle Unabhängigkeit und ihre arrogante Selbstgenügsamkeit im Grunde immer angekotzt haben, und im Stillen werde ich für einen Moment der Meinung sein, dass sie es verdient, verrückt zu werden oder zu sterben, nur damit bewiesen ist, dass sie die anderen eben doch gebraucht hätte, und zwar in erster Linie mich. Es wird ein grauenvoller Gedanke sein, und ich werde vergeblich versuchen, ihn mit aller Kraft zu unterdrücken. Im nächsten Augenblick werde ich mich jedoch der schwindelerregenden Vorstellung hingeben, dass das Schicksal dieser Frau in meiner Hand liegt, dass es genügt, auf etwas zu bestehen, damit sie es ablehnt und infolge ihrer Erfahrungen später annimmt, und dann werde ich antworten.

übersetzt von Odile Kennel

Paloma Vidal

DIE TANGOSTUNDE

»Ist es jetzt vielleicht so weit, die Geschichte zu erzählen?«, fragt sie.

»Erzähl«, bitte ich sie.

»Es war in einer Tangostunde, der letzten.«

»Der letzten?«

»Ja, der letzten.«

Sie macht eine Pause, blickt auf ihre Hände und dreht an einem ihrer Ringe – eine für sie typische Geste.

»Ich erinnere mich genau daran, was ich anhatte. Ich wählte meine Kleider immer sehr gezielt aus. Keine langen Röcke, die bestimmte Beinbewegungen von mir oder von ihm behindert oder unterbunden hätten, auch keine zu kurzen, die mich in eine peinliche Lage hätten bringen können. Manchmal dachte ich, einen Rock mit einem Schlitz bis hoch zu den Schenkeln anzuziehen, doch ich traute mich nicht, nicht in jener Situation, in einer Unterrichtsstunde, bei Tageslicht. Letzten Endes trug ich fast nie Röcke, ganz gleich, welcher Länge. Ich zog auch keine Gymnastikhosen an, nie. Die Umstände erlaubten so eine Lockerheit nicht.«

»Was ist dann an jenem Tag passiert? Erzähl«, bitte ich noch einmal.

»Ich trug eine schwarze Hose mit schmalen rosafarbenen Streifen und eine weiße Bluse, mit kurzen Ärmeln und enganliegend. Die Schuhe waren meine Übungsschuhe, schlichte schwarze, aus Leder, mit Acht-Zentimeter-Absatz. Es war mein erster Unterricht in dem neuen Übungsraum, ein heruntergekommenes Gebäude in der Rua Bambina. Es war Zufall.«

»Zufall?«, frage ich nach.

»Ja.«

»Ich erinnere mich, dass ich zu ihm sagte: ›Das ist ja praktisch, es liegt nur zwei Straßen vom Krankenhaus entfernt, in dem mein Sohn liegt.‹ Und wie ich ihm kurz erklärte, was ihm fehlte. ›Nichts Schlimmes‹, sagte ich.«

»Er war niemand, der Fragen stellte. Er wusste, dass ich einen Sohn hatte. Wusste, dass ich in Copacabana wohnte. Und er musste bemerkt haben, dass ich keinen Ehering trug. Vielleicht wusste er nicht mit letzter Sicherheit, was ich arbeitete, aber er wusste auf jeden Fall, dass ich Argentinierin war. Das war das, was uns verband. Das war mein Trumpf. Ich brauchte gar nichts weiter zu sagen. Musste ihm nicht erzählen, dass ich, bevor ich ihn kennenlernte, nicht eine einzige Tangoplatte besaß und einen Tango nicht von einer Milonga unterscheiden konnte. Musste auch nicht erklären, dass für mich der Tango immer etwas für Alte gewesen war. Und ich musste ihm nichts von meiner Geschichte erzählen, nichts über meine Ankunft hier, nichts über mein Land.«

»Dein Land?«, ziehe ich sie auf. Sie fährt ungerührt fort.

»Mein Schweigen genügte ihm. Ich sagte nichts und lächelte, wenn er der Meinung war, es sei nicht notwendig, mir das eine oder andere noch zu erklären. Fast immer lag er damit falsch, aber ich widersprach ihm nicht, schwieg weiter und ließ ihn reden. Er führte mir sein Wissen vor: Hunderte von Musiktiteln und Texten; wer die Tangos geschrieben hatte und welche die besten Aufnahmen waren; Sänger, Komponisten und alte Orchester, auch die neuen, die Gruppen, die gerade in Buenos Aires Erfolge feierten, und die neuesten Schallplatten. Er wusste viel mehr als das, was ich je wissen würde. Sein Grad der Begeisterung war für mich schlicht nicht nachvollziehbar.

Einmal im Jahr reiste er nach Buenos Aires, während des Karnevals. Ich fand das lustig, als er mir das erzählte. ›Ich würde Rio de Janeiro während des Karnevals nie verlassen, um nach Buenos Aires zu fahren‹, sagte ich. ›Die Hitze, die Feuchtigkeit. Alle Leute in den Ferien, die ganze Stadt wie leergefegt.‹ Daraufhin fragte er mich argwöhnisch: ›Wie lange warst du nicht mehr in Buenos Aires?‹ Das machte mich verlegen. Ich hatte zu viel gesagt. Was sollte ich ihm antworten? Dass ich nie zurückgekehrt bin? Dass ich mit dieser Stadt abgeschlossen habe? Dann müsste ich ihm das erklären, was er nicht wissen sollte. Die Verbitterung. Die Traurigkeit. Der Hass.«

»Hass?«

»Ja, Hass. Hass auf ein Land, das mir fremd geworden war, das sich als ein ganz anderes herausgestellt hatte als das, das man mir in der Schule beigebracht hatte, wo man mir diese Litaneien über die Vaterlandsliebe eintrichterte. Das Vaterland gehört Leuten, die ihre Feinde haben. Als mir das klar wurde, hielt ich es nicht mehr aus. Ich musste das Land verlassen. Ich konnte ihm das nicht erklären.«

»Warum?«, fragte ich.

»Weil unsere Beziehung auf unserem Schweigen gründete, auf seinem und auf meinem. Das vereinte uns in einer eigenen Welt, in der es nur zwei Körper und den Tango gab. Alles fand sich in ihr. Nur für Worte war da kein Platz mehr. Es genügten ja die Texte der Tangos, mit ihren Themen wie der Leidenschaft und dem Verlassen, dem Verrat und den Ressentiments, mit ihren Schwindlern und ihren Gequälten, ihren Undankbaren und Verzweifelten. In jeder Tanzstunde führten unsere Körper ein neues Drama auf. Wir waren nicht wir selbst. Sein drahtiger Körper war kräftig. Mein kraftloser Körper wendig. Mit verflochtenen Fingern und aneinanderklebenden Gesichtern spielten wir die Liebesgeschichte anderer nach, die dabei ein bisschen zu unserer wurde.

Er sprach nicht viel von sich. Ich wusste, er war aus Juiz de Fora und nach Rio gekommen, um Tanz zu studieren. Dass er bei einer Tante wohnte, in Tijuca. Dass er eine Ausbildung im Standardtanz genossen und dann unterrichtet hatte. Und dass er alles aufgab, als er den Tango kennenlernte, um sich ihm Tag und Nacht widmen zu können. Morgens surfte er im Internet, suchte nach Texten, nach Musik oder anderen Informationen. Er verschlang alles, was mit Tango zu tun hatte: Romane, Bücher über die Geschichte, Biographien. Bevor er zum ersten Mal nach Buenos Aires fuhr, hatte er sich in seinem Kopf bereits einen Plan von der Stadt gemacht. Die Viertel, die Cafés, die Plätze, die Milongas – alles war ihm so vertraut, als wäre er dort zur Welt gekommen.«

»Du bist dort zur Welt gekommen«, zog ich sie noch einmal auf.

»Ja, stimmt. Aber mir kommt das so weit weg vor. Als ob mein Leben dort nicht meins gewesen wäre.«

Wieder entsteht eine Pause, und wieder dreht sie den Ring von einer Seite zur anderen.

»Er sprach so verschwörerisch von seinen Lieblingsorten wie einer, der ein Geheimnis teilt, während ich im hinterletzten Winkel meines Gedächtnisses nach einem Bild suchte für das, was er beschrieb. Doch meine Erinnerungen entsprachen nie seiner Erzählung. Seine Stadt war eine andere. Ich sah nur Grau; sah abweisende Gesichter und eilige Schritte in einem sich in die Länge ziehenden Winter; sah eine Straßenkreuzung, an der sich kaum etwas regte: an einer Ecke ein Café mit Holztischen und mit abgewetztem Leder bezogenen Stühlen, nur zwei, drei davon besetzt, ein Kellner, der neben dem Tresen stand und dessen Blick sich im Unbestimmten verlor; ich sah überall die Spur von Einsamkeit.

Eines Tages erzählte er mir etwas. ›Meine Mutter‹, sagte er, ›starb, als ich zehn war.‹ Dann schwieg er für den Rest der Tanzstunde. Ich sagte auch nichts mehr. Der Tango füllte den Raum zwischen uns. Er legte seinen Arm um mich, und ich fühlte, wie nah wir uns waren. Dass er litt und ich ihn verstand.

Dass er von einer Leidenschaft eingenommen war, die ihn aber gleichzeitig zu einem einsamen, verlassenen, sonderbaren Wesen machte, das freitags und samstags in behelfsmäßig hergerichteten Ballsälen verbrachte, in Tanzschulen, die von Frauen mittleren Alters wie mir besucht wurden.«

»Ist es das gewesen, was du erzählen wolltest?«, frage ich.

»Nein, das ist alles vorher passiert. An besagtem Tag tanzten wir *Trasnochando*. In den Minuten, als die Musik erklang, waren wir eins. Wir teilten ein und denselben Schmerz. Der Zauber bestand darin, ihn mit jedem Schritt, mit jeder Drehung im Rausch zweier Körper, die sich suchten und fanden, in etwas Neues zu verwandeln. An jenem Tag tanzte er wie nie zuvor. Er war sehr ernst, und seine Schritte waren schlicht, aber präzise. Er wollte mir nichts zeigen. Nichts vormachen. Er folgte dem Takt, den die Musik vorgab, leicht und sicher. Ich hielt mit ihm Schritt, konzentrierte mich auf jede Bewegung seines Körpers, um nicht aus dem Takt zu kommen. Um mich von ihm führen zu lassen.

Es ist nicht einfach, sich führen zu lassen. Sich dem Körper eines anderen anzuvertrauen. Ich brauchte dafür mehrere Jahre. Vier Jahre lang, jede Woche eine Tanzstunde, um mir in der letzten klar zu werden, was ich gelernt hatte. Ich erwartete einen Anruf des Arztes meines Sohnes, der mir Bescheid sagen wollte, wenn er die Untersuchungsergebnisse erhielt. Deswegen schaltete ich das Handy nicht ab. Es klingelte, gerade als wir das letzte Stück zu Ende getanzt hatten.

Alles schien einstudiert. Wenn eine Katastrophe eintritt, haben wir vielleicht immer den Eindruck, dass alles auf sie zulief und wir es einfach nicht sehen wollten. Die Ärzte hatten von einem Gewebe gesprochen, das man untersuchen müsse, aber ich hatte dem keine große Bedeutung beigemessen. Mein Leben folgte weiter seinem Rhythmus zwischen Arbeit, häuslichen Verpflichtungen und den Tangostunden. Ich änderte meine Alltagsroutine nur so weit, dass ich während des Krankenhausaufenthalts meines Sohnes auf der Station schlief.

Das Telefon ertönte fast gleichzeitig mit der letzten Note. Ich ging in die Ecke des Saals, in der ich meine Tasche liegengelassen hatte, und nahm den Anruf entgegen. Der Arzt fragte mich, ob ich am selben Tag noch in sein Sprechzimmer kommen und ob mich der Vater des Kindes begleiten könne. Ich erklärte ihm, dass der seit zwanzig Jahren in Spanien lebe. Er fragte mich, ob ich gerade alleine sei. Ich sagte Nein und bat ihn, mir später zu sagen, was los sei.

Als ich seine Worte hörte, spürte ich, wie meine Beine nachgaben. Ich musste mich setzen, aber in dem riesigen Saal gab es keinen einzigen Stuhl. Ich streckte meine Hand in seine Richtung. Er verstand meine Geste und kam auf mich zu. Ich verlor das Gleichgewicht, und er stützte mich, indem er mich in seine Arme schloss und so auf den Beinen hielt. Mein Körper gehorchte nicht mehr. Mir nicht mehr. Er musste mir zu Hilfe eilen und mich beschützend umarmen, auch wenn ich nicht sagen konnte, wo mein Schmerz eigentlich herrührte. Sein Körper empfing mein Schluchzen, und wir lagen uns in den Armen, schweigend, bis sich mein Atem wieder beruhigt hatte. Dann fragte er, ob er mich irgendwohin begleiten sollte. Ich nannte ihm den Namen des Krankenhauses, und er brachte mich hin, lenkte meine Schritte. Dort verabschiedeten wir uns ein letztes Mal. Ich habe ihn nie wieder gesehen.«

Sie schließt die Augen und verstummt.

»Wolltest du mir das erzählen?«, frage ich nach einigen Augenblicken.

»Nein, das nicht. Die Geschichte fängt an dieser Stelle erst an. Aber jetzt kann ich nicht weitererzählen. Jetzt nicht. Noch nicht.«

übersetzt von Timo Berger

Joca Reiners Terron

TRUGBILD MIT TOTEN MOTOREN

für Fernando Terron

Und am Ende jenes Jahres war keiner von ihnen mehr am Leben. Vor den Augen der Stadt verschwanden sie einer nach dem anderen wie zum Aussterben verurteilte Vögel oder Tiere. Keiner weiß genau, wie es anfing, aber in den brodelnden Gerüchteküchen der Kneipen wurde gemunkelt, Telecatch, ein ehemaliger Luta-livre-Kämpfer, habe den Stein ins Rollen gebracht, als er in der Stadt auftauchte und meinen Bruder kennenlernte.

Die seltsame Freundschaft war rasch geschlossen, und es dauerte nicht lange, da verfielen die beiden dem Brummen einer vierzylindrigen Honda. Sie folgten ihrem Besitzer, wenn er allabendlich zum Schwimmen zu einem Club am Stadtrand fuhr, und verschwanden dank eines nachgemachten Zündschlüssels auf dessen Motorrad, kaum dass der Hintern des Mannes sich unter der Badehose abzeichnete. Das ging ungefähr zwei Monate so. Sie starteten durch, den Kragen ihrer Lederjacke hochgeschlagen, und brausten auf dem Asphalt davon, die Haare im Wind. Dann flog das Ganze auf. Die beiden vor Gericht zu erleben war äußerst unterhaltsam: »Wozu haben Sie das Fahrzeug benutzt?«, wollte der Richter wissen, »für Raubüberfälle in der Region oder Ähnliches?« Die beiden Übeltäter seufzten und antworteten wie aus einem Munde: »Wir wollten einfach nur Motorrad fahren.« Mein Vater verbarg sein Gesicht in den Händen und senkte den Kopf, wir brachen in Gelächter aus.

Wenige Zeit später fand Telecatch Arbeit in einer Werkstatt und kaufte sich ein Motorrad. Mein Bruder erstand seine

Maschine bald darauf mithilfe eines verrückten Onkels. Das Duo wurde in kürzester Zeit für die anderen Jungs zum Idol, und sie wünschten sich nichts sehnlicher, als den beiden auf ihren Mopeds stadtauswärts zu folgen. Innerhalb weniger Monate eroberte die Gang die Stadt. In einem erstaunlich trägen Zug schoben sich die Gestalten auf ihren Maschinen durch die Straßen, mit hängenden Schultern, auf denen das Gewicht der Welt zu lasten schien, die Zigarette im Mundwinkel, die Ledermützen so abgenutzt wie sie selbst, Mechanikersöhne auf ramponierten Gefährten, die selbst schon in ihrer Kindheit von ihren Vätern mit schmutzigen Nägeln poliert worden waren. Telecatch und mein Bruder immer vorneweg, und es fällt mir schwer, diese hochmütigen Rebellen zu beschreiben, die einem Film der Fünfziger entsprungen schienen. Das war eine andere Zeit damals, und durch den mythischen Schleier, der die beiden inzwischen umgibt, kann ich sie nicht anders betrachten als mit den Augen eines Heranwachsenden: Telecatch und mein Bruder sind für mich immer noch Helden.

An regnerischen Spätnachmittagen fanden die Jungs sich auf der Hauptstraße zusammen, und das Dröhnen der Auspuffrohre übertönte den Lärm der Reiherkolonien in den Bäumen. Wenn es dunkelte, stiegen die Abgase der alten Maschinen in den Himmel und verschleierten den Mond. Ich beobachtete meinen Bruder, wie er in seinen schwarzen Schnürstiefeln lässig die verchromten Ketten des Gürtels seiner Jeans schwenkte. Ich saß auf dem Bordstein, unter mir in der Rinne das rauschende Wasser, und während ich darauf wartete, dass der Regen nachließ, zündete ich zwanzig Marlboros an. Der Mekong-Fluss explodierte regelrecht von meinen nächtlichen Raketen. Buuuumm.

Innerhalb eines Jahres war die Bande komplett. Die zwölf mageren, buckligen Silhouetten streiften in einer langen, langsamen Schlange durch die Viertel der Stadt. Nachts konnte man ihren Zickzackkurs an den glühenden Zigarettenspitzen verfolgen, die auch im Fahrtwind nicht erloschen. Die Gang hatte etwas Gespenstisches an sich, und wir vergaßen bald den Klang der einzelnen Stimmen. Die Jungs schienen ständig in Bewegung, und wenn sie redeten, dann wohl nur untereinander.

Die Jahre vergingen, die Stadt wuchs. Da die Straßen am Stadtrand nicht mehr ausreichten, wurde mit dem Bau einer Autobahn begonnen. Die Fußballfelder wichen riesigen Gebäuden, zwischen denen es kaum noch ein sonniges Fleckchen gab, und auch unser Stadtviertel war nicht wiederzuerkennen. Telecatch, mein Bruder und ihre Bande zogen vom Zentrum an den Stadtrand, wo sie beim Autobahnkreuz von der Höhe ihrer Motorradsitze aus teilnahmslos dabei zusahen, wie die Betonmischer und Arbeiter die alten Pisten unzähliger Wettrennen und geheimer Siege zerstörten.

Und dann gab es den ersten Toten. In einer schwülen Januarnacht brauste Telecatch mit zweihundert Stundenkilometern eine noch unfertige Straße entlang, als ihn – vielleicht weil der Fahrer durch eine Eule oder einen Mondstrahl abgelenkt war – ein Lastwagen erwischte, ziemlich genau auf der Höhe des Autobahnkreuzes.

Am nächsten Morgen war das einzig Düstere unter der strahlenden Sonne die Trauergemeinde mit Telecatchs Sarg, der von Motorrädern an Seilen zum Friedhof getragen wurde. Die bebende, blutig gebissene Lippe des Mädchens, das vom Gehsteig aus im Schatten der vorbeiziehenden Maschinen den Zug verfolgte, vermochte das Rad der Zeit nicht zurückzudrehen. Eine Wolke überschattete das Gesicht der Menschen, die Bäume, die Häuser, während die Motorräder die Straße entlangrollten und das schmutzige Gelb einer Promenadenmischung sich zitternd vom Schwarz des Asphalts abhob.

Anfang Februar wurde das Haupt des jüngsten Gangmitglieds, Cãozinho, von der Vordertür eines Opels gekrönt, nachdem er gewettet hatte, innerhalb von 50 Metern auf 140 Stundenkilometer aufdrehen zu können, und zwar genau an der Stelle, wo auch Telecatch gestorben war. Man hatte Mühe, ihn da rauszuziehen, so sehr klammerte er sich an die Lorbeeren seines Sieges.

Die Unfälle gingen in den folgenden Monaten weiter. Im März war Hi dran, von dem man nie etwas anderes als dieses Wort gehört hatte. Drei Jungs verschwanden im April, Mai und Juni für immer im Rückspiegel – ich vermerkte es jeden Monat auf dem Kalender – und zwei weitere im Juli und August.

Niemand erinnerte sich an ihre Namen, weil sie schon so lange nichts als vorbeihuschende Schatten gewesen waren. Irgendjemand fing schließlich damit an, sie nach den Monaten zu benennen. September starb im September, Oktober im Monat darauf und November im heißesten November seit Jahren.

Bis Dezember waren elf von ihnen verunglückt, immer beim selben Autobahnkreuz. Nur mein Bruder lebte noch. Die Leute munkelten, Telecatch sei eine Art Rattenfänger von Hameln gewesen. Mit der Zeit vergaßen sie auch seinen Namen, und bald hieß er nur noch Januar.

Es war vorbei mit dem Lärm, verräucherte schwarze Jacken, Komantschenschreie und das Knattern der Motorräder überall in den Straßen, um die Mädchen zu beeindrucken. Als seien die Jungs die Apostel der Weite gewesen, verschwand diese mit ihnen. Mit einem Mal herrschte Stille im Schatten der Gebäude. Nur noch das Dröhnen eines einsamen Motors erinnerte daran, dass es jetzt Zeit war, die Ellbogen von der Theke zu lösen und sich nach Hause zu begeben: Der letzte Motorradfahrer war eben vorbeigebraust. Wenn die Taxifahrer an den Taxiständen schlummerten, die Träume des Rezeptionisten in dem kleinen Hotel nahe der Ausfallstraße nur noch vom Testbild des Fernsehers erleuchtet wurden und eine verlorene Prostituierte mit ihrem vom Wind hochgewehten Rock die Hoffnung auf den einzigen Kunden dieser wenig einträglichen Nacht noch nicht aufgeben wollte – war die Stunde meines Bruders gekommen, er rauschte auf seiner Maschine durch die Gassen, und nur der Vollmond und die roten Lichter der Puffs wiesen ihm den Weg. In diesen Momenten dachte er vermutlich an Telecatch und seine Bande mit ihren frisierten Maschinen, deren Knattern so oft die frühen Morgenstunden dieses Provinzstädtchens im Landesinneren zerrissen hatte. Ich schaute ihm zu, wie er seine Runden drehte, sein Motorradständer schien den Boden nie zu berühren. Ich wusste nicht mehr, ob er lebte oder schon tot war.

Sein Gespenst erschien mir an einem drückendheißen Morgen. Ich hatte die ganze Nacht für meinen Schulabschluss gebüffelt und war in algebraische Albträume mit dem Mathematiklehrer verwickelt gewesen. Es wurde schon hell, da stand mein Bruder plötzlich in seiner ewigen schwarzen, nach Benzin stinkenden Jacke neben meinem Bett und wies mit ausgestrecktem Arm auf die Wand hinter meinem Kopf. Ich wollte mit den Augen seinem Arm folgen, aber ich war wie gelähmt. Erst nach einigen Sekunden, die mir wie eine Ewigkeit vorkamen, verschwand die Erscheinung. So schnell war ich morgens noch nie in der Küche gewesen, ich schlug mir unterwegs das rechte Knie an irgendeiner Kante an. Auf dem Küchentisch spiegelte die Zeitung meines Alten meine eigene Blässe. Ich starrte mit weit aufgerissenen Augen auf den Grund der Tasse mit Milch, die meine Mutter mir reichte. Als ich mich beruhigt hatte, kehrte ich in mein Zimmer zurück. Auf dem Kalender an der Wand das Foto meines Bruders auf seiner Maschine, mit einem strahlenden Lächeln wie ein in einer Kurve der Vergangenheit hängengebliebener Sommer, in der Luft irgendein Lied aus einem Oldiesender. Auf dem am Ende doch noch umgeblätterten Kalender gefangen, mein Bruder, Dezember.

übersetzt von Odile Kennel

João Filho

BLINDER CICERONE

für Lima Trindade und ihre Großzügigkeit

Fünfundfünfzig Jahre greifbare Großstadt und ihre Gefilde. Ich bin reich, rigoros, lyrisch. Hast du was gegen einen blinden Stadtführer? Wie gesagt, nichts, was ein Geist-Körper erfühlen kann, um seine Stadt zu erkunden, hab ich ausgelassen. Nur bin ich verdammt noch mal von Geburt an blind. Das ist der einzige Sinn. Tragikomisch, oder? Liegt in der Tragikomik der Welt womöglich das Weder-noch? Das gut Geölte? Das Nichtsgeschieht? Statistische Spielereien. Nichts weiter als Neuronenanregungsmuße, keine Sorge. Ich hatte eine gute Kinderstube, eine der besten sogar, das kann ich ohne falsche Eitelkeit behaupten. Komm schon, siehst ja, ich hab kräftige Beine, kommt vom vielen Flanieren, meine Teure. Nur falls es dich interessiert, du hast 'ne feste Stimme, aber darunter schwingt auch was Zögerliches mit. Siehst du die Kirche dort, die Nossa Senhora dos Pretos? Die Fassade. Einige dieser Kirchen im Land haben nur einen Turm, und die meisten von denen sind den Namen Glockenturm nicht wert. Man sagt ja immer, vom Höhepunkt bis zum Fall einer Zivilisation vergehen tausend Jahre, oder fast. Und unsere Kirchelchen? Baröckchen, sag ich nur. Unser Meister-Baumeister, Antônio Francisco Lisboa, war einarmig, und unser Alibi, wir seien eben spät dran gewesen, haut nicht mehr hin. Wir bröckeln längst. Aber achte nicht auf mein Genörgel, siehst du die Rundung der Bögen? Das Schiff ist nachgebaut, die Vergoldung längst geklaut. Der Mensch, meine Teure, ist ein wandelnder Zweifel, sag ich immer. Jetzt gehen wir wieder nach draußen, wirf einen Blick auf die Kirche schräg gegenüber, die nach Gotik, Neumanuelinik aussieht. Ich mag den Wind der Weite mit seinen Gerüchen, seinem Gestank. Man fühlt sofort, dass diese Stadt Mestizin ist, stimmt's? Die Spritzer des erleuchteten Springbrunnens, alles für die Touristen, und mögen die Sittiche singen.

In dieser Stadt ist nicht einmal die Linie des Horizonts gerade, meine Teure. Da ist nichts mit Erlösung, nur wachsen und immer tiefer buddeln. Die Qualität ist allerdings auch unterirdisch, minder-minder ist hier noch das geringste Übel. Die techno-afro-luso-tupi-Manier ist, Selbstmitleid mal beiseite, einfach grauenhaft. Pulver hinterlässt Schmauchspuren, es ist schließlich Johannistag. Ich weiß, dass du das weißt und dass ich dir allmählich auf die Nerven gehe mit meiner weinseligen Schamlosigkeit. Kannst du es spüren? Wenn der Wind vom Meer kommt, merkt man umso deutlicher, wie klebrig diese Hundestadt ist. Herzkranke Hänge, wo Feuerwerkskörper mit dem Wind um die Wette pfeifen. Blutrünstige Gespenster, immer einsam, in den Knochen, der Milz. Das Wissen – auf dieser Haltestellenerde, in diesem Zustandszeitalter und dieser Sprachzeit völlig umsonst –, dass der Schrecken sich einschleichen wird. Nicht fuchsig werden, mein Engel, ja, ich hab mich volllaufen lassen, aber ich trinke nicht immer so viel, ich weiß, klingt wie die Ausrede eines Trinkers und ist es auch. Das Fräulein war so nett, ein Gläschen mit mir zu teilen in diesem Jammertal. Es reicht jetzt allmählich? Bleib doch, bitte, entspann dich … Sehen Sie, Herr Ober, wie die jungen Frauen heut drauf sind? Lassen sich nicht mal von den Einsichten eines Blinden verzaubern.

***

Wir gehen dort drüben rechts runter, mein Junge, ungefähr auf der Hälfte des Corredor da Vitória. Dort, wo die vom

Islam besessenen Malê ihre Pläne ausgeheckt haben, muslimische Afro-Revolte, gut möglich, dass da auch die Engländer die Finger im Spiel hatten. Du findest die vergangenen Abwege Bahias, der Soterópolis, nicht lustig? Auch egal. Als sie den Aufstand niederschlugen, fanden sie bei den Massakrierten Säckchen mit Gold und Papiere in arabischer Schrift. Die Nationen, die sich an der Meuterei beteiligten, waren die Nago, die Haussa und noch ein paar andere. Wie das aufgeflogen ist? Eine ängstliche Schwarze hat's vermasselt, sie hat's den Nachbarn verraten, und wenige Stunden bevor's losgehen sollte, hat die Armee das Haus angegriffen, das zweite dort in der Ladeira da Praça, die weiter unten in die Baixa dos Sapateiros mündet. Soll ich dir was sagen? Zumindest war'n die Zeitgenossen damals mutig; na gut, sie waren Fanatiker, sie bekämpften Ungläubige, aber jedenfalls waren sie nicht so feige wie ihr heute. Gleich sind wir da. Ich kann's riechen. Die Luft ist salziger, man hört die Brandung an der Küste. Beleidigt? Ja, empör dich mal. Ihr seid doch alles Schlappschwänze in deinem Alter, Schätzchen. Wer's packt, hat garantiert irgend'ne Institution im Rücken. Gegen was? Was für ein Blödsinn, die paar Neuronen in deinem Hirn sind wohl schon in Rauch aufgegangen. Nichts als aufsässige Dummköpfe. Du drohst mir, du Schuft? Willst mich den Hang runterstoßen? Versuch's doch. Autsch? Tut gleich noch viel mehr weh, hier gleich noch eins über die Rübe mit dem Stock. Genau, renn weg, hau nur ab, Generation Schrott seid ihr! Lasst euch auf Sachen ein, von denen ihr keinen blassen Schimmer habt!

***

Ein Mann liebt auch Straßen, meine Dame, Sackgassen beispielsweise und nicht nur die Fauna, die sich dort tummelt. Ich wollte immer die Sackgassen auf der Eingeweidenkarte dieser Hundestadt verzeichnen, verzeihen Sie die Störung, aber an dieser Stelle kann ich nicht anders. Altersschwache und nagelneue Sackgassen, Gassen, Straßenecken, Schleichwege, ja, auch das, was vor lauter Verfall inner- und außerhalb des Zentrums keinen Namen hat, das ganze mathematische (und deshalb nicht weniger hässliche) Chaos der verschachtelten Stadtviertel, denn Stadtplanung hat hier immer zwei Strategien verfolgt: einerseits Verteidigung, andererseits, und das darf man nie vergessen, Massaker, Plünderung, Flucht. Wir Menschen sind doch wirklich interessant, Fortschritt bedeutet für uns fast immer Zerstörung. Und Sie, meine Dame, als kerngesundes, wohlgenährtes Weibchen mit Hang zum Edelmut, Sie wissen sicherlich, was man sich so über die Inquisition erzählt, Sie kennen die Glaubenskongregation, oder? Nein? Wie unangenehm.

Schauen wir mal, was die Herren Historiker Capistrano und Vainfas erzählen: »Sie gestand zahllose Tändeleien und Liebschaften, zügellose Worte habe sie benutzt und sie umarmt und innigst geküsst, sie hätten ihre äußeren Gefäße aneinandergepresst und sich dem Vergnügen hingegeben, bis besagte Felipa de Souza, die oben lag, zufrieden war, und doch gab es nichts, was in sie eingedrungen wäre, zwischen ihnen waren nur die natürlichen äußeren Gefäße.« Stellen Sie sich vor, meine Zarteste, sogar den Namen hat sie verraten! Wenn es die Inquisition heute noch gäbe, hätten wir einen regelrechten Mädchenschwund, denken Sie nicht? Regen Sie sich nicht auf, ist doch nur ein Scherz, oder? Sie müssen aber zugeben, dass ich einen erlesenen Geschmack habe, Fingerspitzengefühl, ich mache meine Sache gut. Ich seh schon, ein paar Schlüpfrigkeiten ins Ohr gehaucht, und schon werden Sie heiß. Die Dame ist wohlgenährt, und trotz der fünfundfünfzig Jahre sind wir noch recht fest im Fleisch. Warum sich also über ein paar Klapse ärgern? Hab ich's übertrieben? Blutet das hintere Gefäß? Ich bin robust, meine Zarteste, und lang. Wie schön, dass du's genießen konntest, dein Brüllen, als du gekommen bist, spricht eine deutliche Sprache. Und jetzt gehen Sie sich waschen.

***

Schlaflosigkeit ist oft eine Art Hellsichtigkeit, in der uns – nicht auf einmal, sondern langsam, unnachgiebig – die allumfassende Erklärung verschlingt. Das Sichbewegen im Irdischen. Was die Fremdheit, die Erschöpfung nicht verhindert, Neuronenseele, oder was auch immer wir beide zu erreichen gedenken. Ich darf mit Gespenstern sprechen, wenn mich, physikalisch gesehen, schon niemand begleitet.

Die Eingeweidenkarte, von der ich träumte, zählt nicht mehr. Alle Städte sind immer nur ein und dieselbe Stadt. Wir werden nicht einer Landschaft wegen zu jemand anderem. Ich bin zwar blind, aber ich suche mir dennoch immer einen besonderen Ort für meine Beobachtungen. Von der Decke aus, auf der ich jetzt sitze, nehme ich die ganze Bucht und einen großen Teil der Küste wahr. Der Kaffee mit Schuss wärmt mich. Ah ... die Stille ist ein Genuss.

Hellsichtigkeit, Schlaflosigkeit bedeutet nicht nur Verstand. Neuronen sind die reinste Metaphysik. Was den Größenwahnsinnigen umbringt, ist das Wissen, dass das Universum unzerstörbar ist. Und dieses Leuchten, das blenden kann, aber erträglich ist, wird in der Nacht stärker, ausgehend von unserem hungrigen, durstigen Körper. Streck die Hand aus, iss, trink, und jetzt und gestern bist du der erste und letzte Mensch und alles dazwischen. Alles vollkommen, und vielleicht ist das jetzt schon das Delirium, andererseits ist es zu deutlich, um nicht wahr zu sein. Die Allumfassende Erklärung, und schon ist die Suche nach dem Höheren Ganzen, die ganze Erzählung davon, überflüssig. Und Nihilismus nützt dann auch nichts mehr, nur die absolut schonungslose, entsagungslose Feststellung, dass der Wind genügt. Am wenigsten schlimm ist der Moment, der auf Zeichen verzichtet, denn der Durst der Zeichen ist unstillbar.

***

Sie sind ganz meiner Meinung, mein Herr? Diese Kopfkissengrübeleien machen einen wirklich trübsinnig, wenn nicht gar fatalistisch. Dort entlang.

übersetzt von Odile Kennel

Carola Saavedra

ZUSAMMENLEBEN

»Du solltest nicht so viel sitzen.«

Bis auf die Leselampe und das Licht des Computerbildschirms gibt es fast keine Beleuchtung, gerade genug, um eine am Schreibtisch sitzende Frau und ihre über die Tastatur huschenden Finger zu erkennen. Auf dem Tisch sind ein Glas Rotwein und mehrere Bücher- und Papierstapel zu erkennen.

»Später jammerst du wieder, dass du Rückenschmerzen hast.«

Sie nimmt einen Schluck Wein und liest den eben geschriebenen Absatz vor. Eine Gestalt, die im Schatten des Zimmers zunächst nur zu erahnen ist, nähert sich von hinten. Dann sieht man einen jungen Mann, elegant gekleidet und das Haar gekonnt nachlässig gekämmt. Er kommt näher, legt ihr die Hände auf die Schultern und massiert sie, die weiterliest, als wolle sie ihn ignorieren. Er lässt nicht locker:

»Du warst nicht beim Sport, denk ja nicht, dass ich so was nicht merke.«

Gereizt und ohne vom Bildschirm aufzuschauen, sagt sie:

Hör auf, dich in mein Leben einzumischen. Was glaubst du, wer du gerade bist? Mein Personal Trainer? Meine Ballettlehrerin?«

Die Hände eben noch auf ihren Schultern, fährt er ihr jetzt über den Rücken, dann über die Arme und drückt fest zu.

»Du weißt, dass der Körper ab dreißig nicht mehr derselbe ist, dass sich die Muskulatur verändert und man an Kraft verliert, dass man sich nicht länger auf Mutter Natur verlassen kann. Von deiner Wirbelsäule ganz zu schweigen.« Er fährt ihren Rücken entlang. »Merkst du das? Wenn du so weitermachst, wirst du ganz krumm.«

Ruckartig entzieht sie sich der Massage.

»Bitte lass mich in Ruhe arbeiten.«

Sichtbar gekränkt tritt er zurück, ist im Schatten kaum zu erkennen, nur die Stimme ist zu hören:

»Mein Gott, was für eine miese Laune du hast, ich wollte ja nur helfen.«

Stille.

Sie schreibt weiter. Man hört ihn durchs Zimmer laufen, er macht eine kleine Stehlampe an. Im Sessel sitzend, schlägt er die Beine übereinander, nimmt sich eine Zigarre aus der Jacketttasche, die er lange anstarrt, bevor er sie endlich anzündet. Nach den ersten Zügen legt er eine Pause ein und sagt:

»Ich mache mir einfach Sorgen um dich.«

Sie tut so, als würde sie ihn nicht hören. Er redet weiter.

»Du glaubst es mir nicht, aber ich mache mir wirklich Sorgen«, sagt er in dramatischem Ton.

»Das musst du nicht. Kümmer dich lieber um dich.«

Er fühlt sich sehr wohl in diesem Raum, als wäre er schon immer hier. Er nimmt noch einen Zug. Als sie den Zigarrenqualm riecht, dreht sie sich zum ersten Mal um und sagt mit missbilligendem Blick:

»Seit wann rauchst du Zigarre? Ich kann mich nicht erinnern, das geschrieben zu haben.«

Er lächelt ironisch. Dann, wie um Spannung aufzubauen, hält er kurz inne und sagt dann:

»Stimmt, das hast du wirklich nicht geschrieben«, und nach einer weiteren Pause fügt er hinzu, »noch nicht.«

»Was soll das heißen …?« Sie klingt genervt.

»Gar nichts. Ich dachte nur, dass es sich gut einfügen, gut zu mir passen würde, findest du nicht?«

»Nein, das finde ich nicht«, sagt sie, schiebt die Tastatur weg, setzt sich auf den Tisch und stellt die Füße auf den Stuhl. Sie trinkt noch einen Schluck.

Er spricht weiter:

»Wenn du mein Verhalten von Anfang an gut beobachtet hast, mein Auftreten, meine Persönlichkeit, mein Gemüt, nicht im Sinne von Seele, die Seele interessiert uns nicht, sondern im Sinne von Geist, dem Geist, den die Deutschen so gut von der Seele zu trennen wussten, wenn du diese Gedanken also berücksichtigst, dann verstehst du, dass es nur selbstverständlich ist, dass ich Zigarre rauche.«

»Selbstverständlich?« Sie lacht. »Das hat mir noch gefehlt, dass du mir sagst, was ich schreiben soll und was nicht, mir rätst, wie ich meine Figuren anzulegen habe. Und als wäre das nicht genug, kommst du auch noch mit deinen Erklärungen deutscher Geistesgeschichte, bilde dir ja nicht ein, dass du mich damit beeindrucken kannst.«

Während er den Rauch beobachtet, der sich im Raum verteilt, sagt er betont arrogant und lässig:

»So ein Unsinn, ich will dich ganz sicher nicht beeindrucken.« Einen Moment lang sieht er sie wütend an, aber schon kurz darauf hat er denselben unbeteiligten Gesichtsausdruck wie vorher. »Ich zwinge dich zu gar nichts, ich mache lediglich Vorschläge. Außerdem, wo liegt das Problem? Und lass dieses autoritäre Gehabe, das passt nicht zu dir.«

»Autoritär?«

»Ja, Liebes, autoritär, genau das bist du. Autoritär und kleinlich. Fast schon moralisierend. Was ist überhaupt so schlimm daran, dass ich Zigarren rauche?«

»Moralisierend? Unglaublich, dass ich mir so was von dir anhören muss!«

»Außerdem wissen doch alle, dass die Figuren ab einem bestimmten Punkt der Handlung ein Eigenleben entwickeln.

Das liest man in Interviews doch immer wieder. Alle Schriftsteller sagen das.«

»Ich bin aber nicht alle Schriftsteller, und ich habe das noch nie in einem Interview gesagt.«

Er schnappt sich eine Zeitung vom Beistelltisch neben dem Sessel, öffnet sie, schaut verächtlich auf einen Artikel und sagt:

»Stimmt, deine Interviews waren wirklich nie besonders interessant.«

»Mir gefällt ganz und gar nicht, wie dieses Gespräch abläuft. Ich hab keine Lust, länger mit dir herumzudiskutieren, ich hab Besseres zu tun. Wenn du rauchen willst, dann rauch eben, mach, was du willst.«

Sie setzt sich zurück an den Tisch und versucht, sich wieder auf den Computerbildschirm zu konzentrieren. Er lächelt triumphierend.

Beide sagen kein Wort. Er nimmt die Zeitung, überfliegt ein paar Seiten, schließt sie und legt sie wieder auf den Beistelltisch. Sie liest noch einmal denselben Absatz von eben vor, er hört aufmerksam zu, schaut aber ablehnend. Als sie fertig ist, fragt er:

»Meinst du nicht, dass ich diesem einen Exfreund von dir immer ähnlicher werde?«

Ohne vom Computer aufzublicken, antwortet sie:

»Exfreund? Natürlich nicht, keine Ahnung, wo du das herhast. Außerdem will ich keine feste Beziehung, mit niemandem, auch nicht mit dir.«

»Ist das so?«

»Ja, das ist so.«

Sie bleibt konzentriert, notiert jetzt etwas in einem Heft.

»Und wem ähnle ich dann?«, drängelt er.

»Niemandem, warum musst du irgendjemandem ähneln?«

»Weil jede Figur irgendjemandem aus dem Leben des

Schriftstellers ähnlich ist. Weil alles autobiographisch ist. Dem kann man nicht entkommen.«

Sie legt den Stift weg und dreht sich zu ihm um:

»Sag mal, welche Bücher hast du zuletzt gelesen?«

»Ich lese überhaupt keine Bücher, das weiß doch jeder.«

»Das weiß doch jeder? Und wer ist jeder?«

Er antwortet nicht, lacht nur zynisch und raucht weiter.

»Jetzt hör mir mal gut zu, ich habe dich erfunden, dich hat es vorher nicht gegeben, ich habe dich aus dem Nichts erschaffen, verstehst du, aus dem Nichts.«

»Keiner kann etwas aus dem Nichts erschaffen. Tu nicht so gerissen.«

Sie steht vom Stuhl auf und geht zu ihm, setzt sich auf die Sessellehne und fährt ihm so kräftig durchs Haar, als wollte sie daran ziehen oder es verstrubbeln.

»Ich tue überhaupt nicht gerissen. Weißt du, was mich an dir stört?«

»Ach, dich stört etwas an mir? Wirklich? Wer hätte das gedacht?«

»Deine Arroganz, dein Hochmut. Für wen hältst du dich eigentlich?«

Er streichelt ihr über den Arm und sagt dann sanft und ruhig:

»Aber, Liebes, an mir gibt es nichts, das nicht von dir stammt. Schließlich hast du mich aus dem Nichts erschaffen, wie du ja auch gerade sehr besitzergreifend betont hast, ich bin deine Erfindung, oder etwa nicht? Woher kommen also dieser Hochmut und diese Arroganz?« Er versucht, ihr über die Wangen zu streicheln, aber sie weicht zurück.

Still setzt sie sich zurück an den Schreibtisch, rückt die Tastatur zurecht und schreibt weiter. Dann hält sie einen Moment lang inne und trinkt einen Schluck Wein. Er bleibt im Sessel sitzen, hält die Zigarre ein Stück von sich weg. Im Schatten ist nur der Zigarrenqualm zu sehen, dann, plötzlich, hört man eine Stimme.

»Ich will dich nicht weiter stören, Liebes, versprochen. Ich sollte mich nicht in deine Angelegenheiten mischen.«

Sie antwortet nicht. Die Stimme weiter:

»Aber findest du nicht auch, dass du zu viel trinkst?«

übersetzt von Maria Hummitzsch

Veronica Stigger

DIE ZWERGE

Er war so groß wie ein Pygmäe. Sie reichte ihm gerade mal bis zur Taille. Beide waren so winzig, dass sie die Auslagen mit dem süßen Gebäck nicht sehen konnten. Sie sprang hoch, um einen Blick auf die Leckereien der Konditorei zu werfen. Etwas behäbiger streckte er seinen Hals, hob die Nase in die Höhe und atmete tief ein – als könnte er die Leckerbissen, die seinem Blick verborgen blieben, am Geruch erkennen. Eigentlich gaben die beiden ein nicht unansehnliches Pärchen ab. Weder hatten sie verkümmerte Glieder noch jenes vielen Zwergen so eigene kränkliche Aussehen. Es schien, als hätte man sie lediglich maßstabsgetreu verkleinert. Wir hätten womöglich sogar Mitleid mit ihnen oder Sympathie für sie empfunden, wären ihre schlechten Charakterzüge nicht so offen zutage getreten.

Es war nicht das erste Mal, dass wir sie sahen, und – noch schlimmer – auch nicht das erste Mal, dass wir sahen, wie sie versuchten, sich in einer Schlange vorzudrängeln. Das Pärchen nutzte seine kleine Statur aus, um sich schamlos an den anderen Kunden, die darauf warteten, bedient zu werden, vorbeizuschieben. Das war vor kurzem schon in der Apotheke passiert. Die zwei betraten den Laden und marschierten schnurstracks ganz nach vorne an den Schalter, vorbei an allen anderen, die geduldig anstanden. Wir legten uns mit ihnen nur deshalb nicht an, weil es gar nicht nötig war. Die wie sonst auch unaufmerksame Verkäuferin übersah sie einfach. Machte also unabsichtlich alles richtig und bediente uns zuerst.

In der Konditorei bemerkte sie die Verkäuferin dagegen nicht nur, sondern bot ihnen auch, hilfsbereit, wie sie sonst nie ist, ein Bänkchen an, damit sie daraufsteigen und einen Blick auf das Süßgebäck in der Auslage werfen konnten. Und schamlos ließen sich die beiden auf ihr liebenswürdiges Angebot nicht nur ein, sie besaßen sogar noch die Chuzpe, sich zu erkundigen, woraus jede Einzelne der unendlich vielen Backwaren zubereitet war. Bis zu dem Punkt hatten wir das dreiste Verhalten der beiden stillschweigend ertragen, doch das brachte das Fass zum Überlaufen. Braucht ihr noch lange?, blökte ich vom Ende der Schlange. Wir haben nicht den ganzen Tag Zeit, sprang mir mein Mann bei. Aber sie zuckten nicht einmal mit der Wimper. Sondern standen weiter seelenruhig auf dem Bänkchen, stellten weiter Fragen zu dem Süßgebäck und verlangten Kostproben von dieser oder jener Sorte. Keine Minute später rief auch die Frau, die vor uns stand: Wird das heute noch was? Der alte Aristides, der seine kleine Enkelin an der Hand hielt, direkt hinter den Zwergen, fügte an: Mann, entscheidet euch endlich, ihr Trottel! Eine Frau um die dreißig, die hinter uns stand, setzte noch einen drauf: Bewegt euch mal, faules Pack! Aber das Pärchen scherte sich keinen Deut darum. Er bekleckerte sich seelenruhig mit den Kostproben, und sie wischte sich mit einer zusammengefalteten karierten Serviette die Krümel aus dem Winkel ihres winzigen Mundes.

Die Frau vor uns erzählte mir, dass ihr das Pärchen neulich im Supermarkt über den Weg gelaufen war. Sie balancierten mehr als zwanzig Produkte auf den Händen. Also wirklich auf den Händen, hob sie hervor, weil sie weder einen Einkaufswagen noch einen Korb benutzten. Ich glaube, sagte ich nachdenklich, fast entschuldigend, dass sie nicht bis zum Wagen hochkommen und einen Korb wiederum über den Boden schleifen würden. Aber, unterbrach sie mich laut, sie wollten an der Schnellkasse für maximal zehn Produkte bezahlen! Das Mädchen an der Kasse wusste nicht so recht, was sie machen sollte, um den beiden zu sagen, dass sie dort nicht anstehen durften, zog dann die Produkte aber einfach über den Scanner, erzählte die Frau weiter. Eine Schwangere, die in der Schlange stand, erzählte sie weiter, wurde wütend und bestand darauf, den Geschäftsführer zu sprechen. Doch sie rührten sich nicht vom Fleck, sagten keinen Ton, erzählte die Frau und deutete mit dem Kopf in ihre Richtung. Die sind doch ziemlich dreist, oder?

Und sie standen immer noch stumm da. Dem alten Aristides reichte es jetzt, und er wurde laut: Haut endlich ab, ihr Scheißkerle! Ja, genau, stimmte die Frau zu, macht euch vom Acker! Auch ich rief die beiden zur Ordnung: Ihr müsst doch wenigstens vor älteren Leuten Respekt haben! Und dann wandte zumindest die Kleine ihren Kopf nach hinten und sah mich an. Ihr winziger Mund war noch immer mit Süßkram verschmiert. Sie blinzelte, fuhr sich mit ihrer Zunge über die Lippen und sah mich weiter über ihre Schulter an, als wäre ihr vorher überhaupt nicht aufgefallen, dass wir alle da waren und auf sie warteten. Was glotzt du mich so an? Aber sie blinzelte nur und war nicht aus der Ruhe zu bringen. Was willst du eigentlich?, fragte ich, als ich auf sie zuging. Ja, was willst du eigentlich?, wiederholte der alte Aristides. Dabei kam ich der kleinen Hexe ziemlich nah und rüttelte kräftig an ihrem Arm. Du blöde Kuh!, sagte ich. Sie stand immer noch auf dem Bänkchen, verlor aber durch mein Ziehen das Gleichgewicht und fiel kopfvoran zu Boden. Mein Mann, der mir gefolgt war, gab dem kleinen Mann, der seiner Frau allem Anschein nach helfen wollte, einen Klaps. So geriet dieser ebenfalls aus dem Gleichgewicht und stürzte von dem Bänkchen. Als er aufstand, machte er Anstalten, sich zu rächen, doch mein Mann boxte ihm mit dem Knie mitten ins Gesicht. Sein Näschen fing zu bluten an. Seu Aristides eilte herbei und stieß sein Knie ebenfalls in das Gesicht des Typen. Die Enkelin von

Seu Aristides trat ihm lustvoll ans Schienbein. Das Kerlchen stürzte erneut neben seiner Liebsten zu Boden. Die Frau, die in der Schlange gestanden hatte, malträtierte nun mit einem Spazierstock Köpfe und Rücken des Pärchens. Ich trat mit ganzer Lust in den Bauch der kleinen Frau, die vor mir auf dem Boden lag. Mein Bein tat mir schon weh, aber ich trat noch weiter auf sie ein, immer auf dieselbe Stelle. Die Frau um die dreißig kniete sich neben dem Pärchen nieder, schlug das Männchen in den Nacken, packte seinen Kopf und rammte ihn mehrmals auf den Boden, bis an seiner Hinterseite eine Wunde aufplatzte. Ein dicker, bräunlich-grüner Schleim quoll aus seinem Schädel und floss über den Boden. In der Zwischenzeit richtete die Frau, die in der Schlange gestanden hatte, ihre ganze Aufmerksamkeit auf das Weibchen: Sie hob ihren Stock in die Höhe und drosch mit ganzer Kraft auf das blutende Gesicht ein. Mein Mann sprang auf die Beine des Männchens, während der alte Aristides seinen Rumpf traktierte. Und seine Enkeltochter ahmte meinen Mann nach und hüpfte auf dem Bauch des Weibchens auf und ab.

Die Verkäuferin, die bis zu diesem Moment die Klappe gehalten hatte – ich glaube, sie hielt sich zurück, weil wir Stammkunden der Konditorei waren –, schaltete sich nun ein. Leutchen, sagte sie, das reicht jetzt. Frau Sílvia kommt gleich. Ich sehe sie schon vorne an der Straßenecke stehen. Ich selbst hatte schon keine Kraft mehr und hörte auf, gegen den Körper zu treten, der inzwischen zu einer fast formlosen, roten Masse geworden war. Keuchend schleppte ich mich zum Ausgang. Als mein Mann sah, wie ich leicht schwankend nach draußen strebte, hörte er auch auf zu springen und folgte mir. Die dreißigjährige Frau, deren Puls durch die Anstrengung in die Höhe geschnellt war, setzte sich auf den Boden, lehnte sich an die Wand und legte die beiden Hände, mit denen sie den Kopf des Männchens gegen den Boden geschlagen hatte, auf ihre Stirn. Er hatte sich in eine Art Brei aus Fleisch und Blut verwandelt – mit kleinen Knochenstücken, die die einheitliche Mischung störten. Sein Weibchen sah nicht wesentlich anders aus. Die Frau ließ noch ein letztes Mal ihren Stock in das fahren, was einmal ein Gesicht gewesen war, brachte ihr Kleid wieder in Ordnung und ging, auf ihren Spazierstock gestützt. Der alte Aristides, der sich durch die vielen Tritte gegen das Männchen verausgabt hatte, mahnte auch seine Enkeltochter einzuhalten. Liebes, lass das, wir brechen jetzt auf, sagte er zu ihr und griff nach ihrer Hand. Ich selbst befand mich schon auf der anderen Straßenseite und drehte mich um, um Dona Sílvia zu grüßen, die in ihre Konditorei hineinging und sah, wie die Verkäuferin mit einem großen Schrubber den ganzen Dreck in eine Ecke schob.

übersetzt von Timo Berger

Andréa del Fuego
CAMPING CALAMARES

Ich lernte Bolaño auf einem Campingplatz an der Südküste von São Paulo kennen. Er arbeitete dort als Wachmann, als ob so etwas überhaupt möglich wäre. Als ich ankam, hatte ich sofort das Gefühl, dass die Besitzerin ihn aushielt, ich sah dem Chilenen einfach an, dass er was mit Judite Calamares hatte. Seine Brille, die ständig verschmiert war, machte mich neugierig. Wenn er sowieso nur verschwommen sah, mit oder ohne, wozu trug er dann überhaupt die Gläser auf der Nase? Heute verstehe ich das. Bolaño mag es nicht, wenn man seine Augen sieht. Okay, wegen seiner Leberprobleme sind sie ziemlich gelb, aber eigentlich war es kein ästhetisches, sondern eher ein soziales Problem, weil er eben Latino war. Auf diese Weise war sein Blick immer in Zivil, ohne Uniform und ohne die Verpflichtung, etwas sehen zu müssen.

Im Mai sagte ich ihm, dass ich schwanger sei, im August wohnten wir schon beide auf dem Campingplatz, waren dort Hausmeister. Judite Calamares war unter der Woche immer in São Paulo, wo sie Insektenschutzgitter und Mückenzeugs kaufte und einen Verwandten im Krankenhaus besuchte. Zum Wochenende kam sie wieder, bepackt mit Tüten voll billiger Keramik, die sie an die Fischersfrauen verkaufte. Bolaño erzählte mir, sie würde mit jamaikanischem Gras dealen, was ich anfangs bezweifelte, doch als ich sah, wie die Dicke anderen Dicken Appetitanreger ins Bier träufelte und mir dann auftrug, die Getränke zu servieren, änderte sich das. Judite Calamares hat es direkt vor meinen Augen reingeträufelt, dachte ich mir, also verkauft sie auch jamaikanisches Gras. Aber kiffen tut sie nicht, sonst säße sie nämlich mit den Touristen rum und äße die Kroketten, die ich frittiere. Wer das eine macht, macht auch das andere.

Bolaño blickte aufs Meer, als würde das ganze Wasser in ein Glas passen. Ich glaube, das jamaikanische Gras hat bei ihm nicht gewirkt, und da er wegen seiner Leber nicht trank, wurde er zum perfekten Nachtwächter. Obwohl er die ganze Nacht vor sich hin döste, hatte er doch auf der Stirn eine Furche, die Wachsamkeit verriet.

Als unser Kind geboren wurde, sagte Calamares, sie wolle keine Hausmeisterfamilie züchten, und wenn wir noch mehr Kinder wollten, sollten wir lieber gleich Leine ziehen. Wir verließen den Strand und zogen zwei Orte weiter, wo Bolaño sich einen Job als Putzmann in einer Pension besorgte. Aus war es mit dem jamaikanischen Gras und der unmoralischen Chefin. Ich wurde auch aktiv und fertigte aus den Muscheln, die ich morgens am Strand sammelte, Modeschmuck. Ich glaube, deswegen habe ich auch angefangen, Gedichte zu schreiben. Als Bolaño das erste las – ich trank gerade mein viertes Bier, er seine erste Fanta –, meinte er, das könne er besser. Von da an schrieb er an seinen freien Tagen Gedichte. Ich empfand es als Blamage, dass sie viel besser waren als meine.

Wir beschlossen, nach São Paulo zu gehen, doch kaum hatten wir die Luft der U-Bahnstation Sé geschnuppert, wurde uns klar, dass wir hier würden hungern müssen. Bolaño wollte vom Arbeiten nichts wissen. Ich war eher dazu bereit und hatte auch mehr Glück, fand einen Job in einem Copyshop mit Passfoto-Service. Der Laden gehörte Bolivianern, aber im hinteren Teil unterhielten ein paar Chinesen mittleren Alters einen Pavillon mit Schwarzmarktprodukten. Die Chinesen spielten den ganzen Tag nur Poker und tranken Schnaps aus ihrer Heimat. Bolaño kam auf die Idee, unsere Gedichte mit den Passfotos zu verteilen, die Bolivianer kriegten nichts mit, und so erhielten die Kunden zusammen mit den Fotos ein

Faltblatt mit unserer Lyrik. Ein kleines Gedicht nur, in winziger Schrift auf ein Fetzchen Papier gekritzelt. Ich sah mir die Kunden an, und wenn ich glaubte, es könnte ihnen gefallen, legte ich ein Original bei.

Einmal wollte sich mein Chef die Haare schneiden lassen, und ich bot mich an, es zu machen, obwohl ich mit der Schere gerade mal so viel Erfahrung hatte, um die Fotos zurechtzuschneiden, die die Maschine wie von Geisterhand ausspuckte. Er hatte es eilig und wollte den Pferdeschwanz gleich auf einmal gekürzt haben. Ich stach den Bolivianer in den Nacken. Da kam ein Chinese vorbei, und als der sah, dass der Bolivianer blutete, verpasste er mir zwei Ohrfeigen. Bolaño war gerade mit unserem Kleinen in der Pension, schrieb Gedichte, fütterte ihn mit Brot und Milch und aß selbst nichts. Als er sah, dass meine Wangenknochen geschwollen waren, hielt er es für besser, zum Camping Calamares zurückzukehren.

Judite Calamares hatte bereits einen anderen Wachmann eingestellt. Bolaño sagte, er könne die anderen Geschäfte übernehmen. Jamaikanisches Gras lässt mich kalt, ich habe es geraucht und nicht die leiseste Wirkung verspürt. Bolaño beschloss, meine Gedichte zum Einwickeln des Grases zu verwenden. Seinen widerfuhr mehr Ehre, die bekam der Kunde nämlich mit dem Wechselgeld überreicht. Es dauerte nicht lange, bis ein Student nach mehr Gras verlangte und zum Stammkunden wurde. Er bot sich an, in der Branche mitzuarbeiten. Einmal, als Judite Calamares Bolaño bat, mit ihr nach São Paulo zu fahren, um einen Deal abzusichern, verbrachte ich zwei Tage mit dem Studenten in der Hütte. Er hatte sich für eine Woche auf Camping Calamares einquartiert. Meinen Jungen verfrachtete ich in Calamares' Haus und gab mich dann derart lautstark und leidenschaftlich diesem sensiblen Studenten hin, dass ich hinterher völlig fertig war. Als er schließlich von meinem Körper auf dem Boden abließ, las er mir mit veränderter Stimme Bolaños sämtliche Gedichte vor. Ich war ziemlich gerührt, als ich nach gestilltem sexuellen Verlangen die Gedichte meines Mannes aus dem Munde dieses zarten Knaben vernahm.

Als Bolaño wiederkam, erzählte der Student ihm alles. Ich wusste, was das hieß, Bolaño würde mich umbringen, die Dicke würde am Ende unseren Jungen aufziehen, der Student nach einer Tracht Prügel wieder nach Hause fahren und Bolaño auf Calamares' Bauch alt werden. Fehlanzeige. Bolaño wollte wissen, welche Gedichte der Knabe gelesen hätte, und dann diskutierten sie über ihre Musikalität. Die Sache wurde nicht mehr erwähnt, und der Student hielt sich von mir fern, als hätte mein Körper, weil er dem Dichter gehörte, zuerst von ihm besessen werden müssen, ehe er ein Gedicht lesen konnte.

Sechs Monate später beschlossen die beiden, wegen eines Deals nach Peru zu reisen. Ich blieb auf Camping Calamares zurück. Inzwischen war es so, dass ich das Essen für die Kunden frittierte und der Kleine den Touristen die Calamari Fritti servierte. Den Chilenen habe ich seit zwei Jahren nicht mehr zu Gesicht bekommen, aber mit der Post erhalte ich Gedichte, und ich muss sagen, gut sind die nicht. Ich glaube, der Student gibt sich für ihn aus, Bolaño schreibt mir nicht.

übersetzt von Marianne Gareis

Cecília Giannetti

BRASILIEN SPIELT

Hinter der getönten Scheibe überlege ich mir, was man von draußen hier drinnen erkennt. Gar nichts. So geht das nicht. Ein Stapel Papier vor mir. Der Typ, dieser Amerikaner, sagt alles so quälend und voller Wiederholungen, beschreibt eine bittere Realität, die ich nur allzu gut kenne, als würde er ewig auf einem Stück Rohrzucker herumkauen mit seinen weißen Zähnen.

Ich kann kaum erkennen, was draußen ist, durch dieses getönte Glas. Während ich an dem Brasilianisten herumkaue, nervt das Brasilienspiel alle, die nur ihre Ruhe haben wollen. Wahrscheinlich tragen sie jetzt alle Grün-Gelb auf der Straße. Ich höre die Tröten, die Vuvuzelas, ein Megafon. Fans, eine ganze Nation, das ganze Land brüllt und macht grelle Geräusche, lässt Feuerwerk los und Geschrei. Aber nicht das lenkt mich ab. Die Ablenkung, die ich habe, abgesehen von dem Spiel, raubt mir die Arbeitszeit und bringt die Buchstaben vor mir durcheinander. Heute gebe ich dieser Ablenkung nach, der Brasilianist macht mich müde. Oder ist es das Medikament, Traumgenerikum? Tabletten mit 2 mg, Tropfen mit 2,5 ml. Sicherheitsverschluss, den ich öffne, und träume. Ich kehre zurück auf den Platz. Ein Drittel des Vormittags muss ich an meine Stadt denken, die um diese Jahreszeit leer ist. Mitten im Nirgendwo. Wie wohl der Himmel ist, so viele tausend Kilometer von hier? Immer noch dieselbe Süßigkeitenverkäuferin nachts auf dem Platz? Eine kleine Frau, dürr, trotz der selbstgemachten Kuchen, die sie verkauft. Womöglich hat sie nie einen davon gegessen, streng mit sich selbst. Brigadeiros, Cajuzinhos, Olhos-de-Sogra, Bananen-, Pflaumen-,

Jabuticabatörtchen. Die ganze Palette an Süßigkeiten für Kindergeburtstage. Für Hochzeiten Zuckerguss. Die Bestellungen wurden von ihren Enkeln über die Straße geliefert, zwei vierzehn und siebzehn Jahre alten Jungs. Manchmal stolperten sie über ihre eigenen Latschen, sodass die Brautleute oben auf der Torte drohten, sich vom Zuckerguss in den Tod zu stürzen.

Gelbes Eisenoxyd. Rotes Eisenoxyd. Ein Kuss auf die Augenlider. Kaffee. Eine schnelle Cola Zero. Clonazepamtropfen mit Pfirsichgeruch. Bitter. Gäbe es hier Prohibition und ein Verbot von Antidepressiva und Stimmungsaufhellern, hätte ich niemals den Mut, mich dem Papierstapel des Brasilianisten zu nähern. Trocken geht dieses Brasilien nicht runter.

Die Süßigkeitenverkäuferin auf dem Platz macht die Mütter der Kinder fett, Spelunken stopfen die Bäuche der Väter. Die Jüngeren latschen die Sohlen ihrer besten Schuhe ab in einem Reigen, bei dem nichts passiert, immer rund um die Kirche herum, der man inzwischen ein wenig Farbe gegönnt hat gegen ihr abgerissenes Äußeres. Die Risse dürften geblieben sein, Glaubensfalten in jahrhundertealtem Beton, ebenso wie die Alten auf den Zementbänken. Manchmal brachten sie ihre Instrumente mit, Cavaquinho, Gitarre, Tamburin, ein gemeinsamer Choro, um nicht die Nacht schlaflos verbringen zu müssen. Es wird nie etwas getan für den Ort. Hier ist alles verspiegelt. Ich arbeite gern im Büro meines Freundes. Zu Hause kann ich mich nicht konzentrieren. Hier ist es auch schwierig. Hier sieht man von außen nach innen nichts und von drinnen nach draußen auch kaum etwas. In meiner Stadt sahen sich alle tagtäglich.

»Fabiano, wohin bist du so hübsch unterwegs?«

Und dann ein Kuss auf den Kopf. Meine Haare, waren sie trocken oder nass? Zur Seite gekämmt. Eine Creme, Pomade, Gel, um die krausen Strähnen zu bändigen. Mein

Kopf ekelte mich, ich musste an ihre Lippen denken, ob sie den Geschmack und die Konsistenz der von diesem billigen Dreckszeug verklebten Haare gespürt hatten, von diesem Zeug in der blauen Verpackung, die ich im Badezimmerschrank aufbewahrte. Von dem ich Schuppen bekam. Das mit dem Kuss war ganz anders. Ich hatte noch nie einen Kuss von ihr bekommen, weder auf die Wange noch sonst wohin. Nur einmal hatte sie mich am Arm gepackt, als wir den Hügel hinaufgingen. Sie hatte mich zur Seite gezogen, damit ich nicht in Pferdeäpfel trat.

Mein Freund hat schon immer eine Wohnung in São Paulo. Aber er ist nie hier. Er bezahlt für einen Raum, den er nicht nutzt, und überlässt ihn mir. Er ist viel unterwegs. Dem Geld hinterher. Der Raum ist für Besprechungen. Die Reisen sind für die Jagd hinter richtigem Geld her.

Investitionen. Sponsoren. Gepflegte Erscheinung. Von Zahlen verstehe ich nichts, kann kaum meine Centavos zusammenzählen. Ich habe das Glück, was von Texten zu verstehen, sonst hätte ich gar keine Arbeit. Ihn, der richtiges Geld verdient, stört es nicht, dass ich den Raum, den er bezahlt, nutze. Das fällt in seiner Brieftasche nicht auf. Er nimmt mich mit auf die Partys, wenn er in der Stadt ist. Das interessiert meine Familie. Sekt. Glänzende Stoffe. Leute aus dem Fernsehen. Dummes Zeug.

»Hast du gelernt für die Prüfung?«

»Welche Prüfung?«

Sie vergaß so etwas immer. Ich war es, der, obwohl in einer ganz anderen Klasse, den Kalender auswendig konnte, der an ihrem Klassenraum hing. Ich machte sie von oben herab darauf aufmerksam. Es war eine schlechte staatliche Schule. Was anderes gab es nicht, uns in eine andere Stadt auf die Schule zu schicken war nicht drin.

»Englisch.«

»Ich kann Englisch, ich muss nicht üben. Ich lese amerikanische Zeitschriften. Mein Cousin bringt sie mit, er bringt mir alles bei.«

»Du bist doof. Eine Zeitschrift ist keine Schule.«

»Nein, sondern viel besser, du Hampelmann. Und bedanke dich gefälligst für das Kompliment.«

Ich schüttelte den Kopf, denn Hampelmann war kein Kompliment. Doof, Hampelmann. Man wird größer und dabei immer mehr zu dem, was man ist.

Nur, dass sie nie doof war. Sie hatte diesen Cousin aus São Paulo, der immer an Weihnachten kam. Mit lauter Neuigkeiten. Den Zeitschriften, die ich mich zu sehen weigerte und mir deshalb die irren Dinge auf ihren bunten Hochglanzseiten nur ausmalte. Bis sie mein vorgetäuschtes Desinteresse überlistete, indem sie mir in der Pause eine davon vor die Nase hielt. Sie roch nach neu. Der Cousin hatte sie sicher nur einmal durchgeblättert, und fertig. Bis heute rieche ich gerne an Zeitschriften, nachdem ich sie am Kiosk gekauft habe.

»Hübsch.«

»Was ist hübsch?«

»Ich habe gefragt, wohin du so hübsch unterwegs bist, und du erzählst mir was von einer Prüfung.«

An dem Tag auf dem Hügel mit der Pferdescheiße zog sie mich am Arm. Ich nutzte das, um sie zu berühren: an den Schenkeln, der Hüfte, der Brust. Als wäre ich gestolpert, Hände und Becken auf ihr. Sie tat so, als merkte sie nichts. Ein paar Tage später küsste sie mich auf den Kopf. Sie beschwerte sich nicht über das Zeug, das meine Haare so hart machte, die damals ganz dünn waren. Sagte überhaupt nichts über meine Haare. Weder dass sie gut rochen noch dass sie stanken. Ich fragte sie auch nicht danach. Dann sagte sie, dass ich hübsch sei. Immer verrückter, immer lässiger. Es war die Art von São Paulo, die sie ihrem Cousin nachmachte. Ich fand den Kerl blöd. Einer, der für zwei Groschen mehr weiß als andere und darauf den Rest seines Lebens herumreitet.

Die Tröten. Ein Treffer fast, angeschnitten, vergeigt. So wie die Mannschaft gerade spielt, wird das nichts. Keine Ahnung. Die Vuvuzela.

Und große Lust auf Jabuticaba. Früher hatten alle meine Hemden violette Flecken: von Jabuticaba oder Traubeneis. Das Traubeneis stellte ich selbst her, um es zu verkaufen, als Kind haute ich mir den Bauch voll damit. Ich aß alles, was violett war. Solange es Zucker enthielt und Flecken machte, war es für mich in Ordnung. Sie heizte mein Verlangen nach den kleinen Früchten noch an, war den ganzen Tag draußen, unterwegs wie ein Junge, kletterte auf Bäume. So viele Geschwister, dass gar nicht auffiel, wenn sie nicht zu Hause war. Kinderfreiheit.

»Hol sie vom Baum, da ist alles voll.«

»Da sind Wespen dran, hat Seu Bill gesagt.«

»Was weiß Seu Bill schon? Der hängt doch nur in der Bar rum.«

»Hast du nie daran gedacht, von hier abzuhauen?«

Einmal am Tor, als sie schon Brüste hatte und Haare, wie ich vermutete, fragte sie mich das. Ob ich nicht fortgehen wollte. In ihrer Stimme lag auch Missbilligung, als wüsste sie, dass ich mir weniger als sie überlegte, die Stadt zu verlassen, oder noch gar nicht darüber nachgedacht hatte. Sie tadelte mich für etwas, das sie nur vermutete, während ich sie für das wollte, was ich unter ihrem T-Shirt erahnte. Mein offensichtlicher Mangel an Ehrgeiz. Meine fleckigen Hemden.

Dieses schwarze Fenster, wenn man von draußen hereinschaut, schwarz, wenn man sich vom Bürgersteig aus darin spiegelt. Die schemenhafte Bewegung auf der Straße, die ich nicht gut zuordnen kann. Ein paar Clowns in die Fahne gewickelt, Tröten, Vuvuzelas, Geschrei. Verliert Brasilien oder führt es? Man weiß es nie. Dieses Volk feiert alles.

Könnte ich besser auf die Straße hinaussehen, bekäme ich all das aus dem Kopf, was ich nicht brauchen kann. Würde mehr über die Papiere des Brasilianisten nachdenken, in denen er Brasilien mit den Augen des Gringos betrachtet. Der Brasilianist bescheinigt dem Präsidenten, dass er in Gefahr ist. »Wenn der Kongress nicht mitzieht …« Ein Ausländer, der uns mit der Lupe seziert, durch die Zeitungen, es sind fast immer ausländische. Er verfolgt brasilianische Nachrichten, besucht uns vermutlich zweimal im Jahr und ist mit einer fetten, amorphen Frau aus São Paulo verheiratet. Er muss es ja wissen, wie es ist, dieses São Paulo, das Land.

Von außen betrachtet, sieht es so aus, als sei hier drin niemand. Als sei ich gar nicht da. Von außen erkennt man fast nichts. Ich glaube, die Leute dort draußen haben das Recht, mich hier drinnen zu sehen, wie ich sie dort draußen kaum sehen kann. Und alles genau umgekehrt will, als damals, als ich ein Junge war und nur daran dachte, um den Platz zu schlurfen und meine neuen Schuhe abzutreten, hinter den Mädchen her, die unversehens zu jungen Damen wurden.

Sie war eine kräftige Schönheit mit brauner Haut, üppigen, festen Formen. Ich begann eher zufällig an sie zu denken und meine Augen von dem sozioökonomischen Elend abzuwenden, das der auf tropische Heiterkeit spezialisierte Historiker auf uns zukommen sah: »Ein irres und aufregendes Land.« »Die Partei des Präsidenten erlebt einen Tiefpunkt.« »Ein gutgemeintes, doch schwer zu beherrschendes System.« Vierhunderteinundzwanzig Seiten noch zu übersetzen. »Effizienz ist jetzt wichtiger als Gerechtigkeit.« Scheiß Gringo. So leicht gesagt. Komm doch mal her, um zu sehen, wie es ist. Aufgewachsen mit Orangensaft Naturjoghurt Vollkornbrot Erdnussbutter als Pausenbrot. Sohn einer. Setz dich mal drauf auf den Bock, dann wirst du sehen, wie es ist in Brasilien.

»Die letzte Regierung mit einem Entwicklungskonzept war die unter Juscelino Kubitschek.« Manchmal muss ich meinen Hut ziehen. Die eine oder andere Seite ist die Mühe wert. Das Geld für die Übersetzung ist es nicht, reicht nicht für all meine Rechnungen, meinen Schlaf, meine chemischen Träume. Es hat mir Spaß gemacht, mich von der Erinnerung an sie ablenken zu lassen, fest und üppig. Jungsgeschichten. Wahrscheinlich sogar gesund, mental jedenfalls, an diese unmöglichen Orte zurückzukehren. Oder nicht? Mal Doktor Ricardo Vaz fragen. Es tut gut, diese harmlosen Dinge zu denken. Muss guttun. Macht sicher fröhlicher als Sertralin, lenkt mehr ab als Clonazepam. Jabuticabas.

Es war auf ihrer ersten Reise nach São Paulo. Zu ihrem Cousin, fünfzehn Jahre, nur sie und er. Ich spielte keine Rolle. Eine Bohnenstange in fleckigen Hemden. Fast die gesamten Ferien über blieb sie in São Paulo. Mir ließ sie eine Handvoll Zeitschriften da, die schon nicht mehr neu rochen. Ich las diese verquaste Sprache. Ein Wörterbuch reichte. Heute sind das ganze Bände mit Fachbegriffen für Spezialübersetzungen. Ein Gewicht, das hin und her geschleppt werden muss in der Metro, im Bus. Das Büro, das nicht meins ist, liegt in Moema.

In den Zeitschriften las ich über englische Rockbands. Über die amerikanischen Rockbands in den Top Ten. Über Dinge, die in unserer Stadt nie zu bekommen wären. Ich war allein und zog fast nicht mehr mit den Jungs durch die Gegend. Abends trank ich im Garten Wein, den ich von dem Erlös der Wassereistüten kaufte, sehr billig, sehr rot, und er machte überall Flecken, wenn ich trank und wenn ich dann kotzte. Als sie zurückkam, hatte sie Kleider, die ich aus ihrem alten Kleiderschrank nicht kannte, trug Schuhe mit Absätzen, bunte Haarklammern. Keine Schleifen und Spangen mehr. Ein paar Strumpfhosen hatte sie auch mitgebracht. Jedes Wochenende führte sie nun die Geschenke der Tante aus.

»Du hast dich verändert.«

»Du hast dich auch verändert, alles ist anders geworden. Ich will nicht mehr nach São Paulo.«

»Aber du hast doch nur noch von São Paulo geredet.«

»Jetzt will ich nach Rio, Fabiano. São Paulo hat keinen Strand. Wir waren zwei Tage zum Karneval in Rio, und dort gibt es Strand ohne Ende, ich bin den ganzen Tag im Bikini rumgelaufen. Der Strand ist riesig, es gibt so viele Leute dort, und das Wasser ist warm.«

»Und wo ist die bessere Uni?«

»Das bleibt sich gleich, Junge, aber die in Rio ist besser.«

»Wirst du dich bewerben?«

»Ich will nichts anderes mehr. Und was willst du im Leben erreichen?«

Jeden Abend trank ich meinen Wein, und sie kam. Fabiano, du wirst noch enden wie Seu Bill! Fabiano, das ist nicht gut für die Leber! Aber so richtig schlecht fand sie es nicht, trank immer ein bisschen mit. Dann lachten wir laut, und manchmal übernachteten wir sogar im Garten. Bei mir störte sich niemand daran, und bei ihr fiel es niemandem auf. Sie brachte die Zeitschriften mit, und wir suchten im Wörterbuch. Rochen an den Seiten, die noch stärker nach Neuigkeit rochen, wenn sie mit der Post kamen. Wenn der Cousin uns nicht besuchen kam, schickte er uns die Zeitschriften.

»Chaos wäre in Wahrheit ein Fortschritt für dieses Land.« Jetzt verstehen wir uns, mein Herr. Einhundertzwei Seiten, nachdem wir begonnen haben, uns zu unterhalten, unsere Sprachen zusammenzuwerfen zu einem neuen Buch, einer Übersetzung Ihres hochwissenschaftlichen Gebrabbels, beginnen wir uns zu verstehen. Es fehlt nicht viel, und ich nehme zurück, was ich noch vor ein paar Minuten behauptet habe, als ich sagte, Sie sollten mal Ihren nordamerikanischen Arsch auf dem Bock kreisen lassen – sagte ich »kreisen«?

Wahrscheinlich schon. Wir beginnen uns zu mögen. Ihre Sprache und meine verstehen sich ganz gut. Das Problem sind nur ein paar Ihrer Beobachtungen durch diese getönte Scheibe hindurch, durch die Sie nichts sehen außer Silhouetten. Sie sollten São Paulo mal erleben. Mein São Paulo. Trocken trotz des ewigen Nebels, grau trotz der Graffiti. So voll von Menschen, dass ich mich noch jeden Tag in der Metro verirre. Jeden Tag. Wir fangen an, uns zu verstehen. Sagen Sie noch was, das mich antreibt, mit der Übersetzung weiterzumachen, denn das, was man mir dafür bezahlt, reizt mich wenig. Sie müssten mal meine Stadt kennenlernen. Den Platz.

Dort trinken sie alle, den ganzen Tag lang. Ich und sie auch, während wir in den Büchern lasen, die sie aus São Paulo mitgebracht hatte. Am Ende der Ferien, die letzten Tage. Immer wieder schauten wir uns ihre Fotos aus Rio an, sie den ganzen Tag im Bikini. São Paulo lag für mich näher, weil ich von São Paulo schon viel mehr gehört hatte als von Rio. Rio existierte fast gar nicht. Erst seit diesen Tagen am Ende der Ferien. Erst auf diesen Fotos. Eins habe ich behalten, auf dem sie Bikini trägt. Sie schenkte es mir.

»Mach keinen Mist mit meinem Foto.«

»Welchen Mist denn? Ich lege es in die Schublade.«

»Für die Schublade bekommst du es nicht.«

»Dann rahme ich es ein.«

»In Ordnung.«

»Aber sie werden sagen, dass du meine Freundin bist.«

»Wer denn? In dein Zimmer gehen doch nur deine Mutter und deine Tante.«

Und ich mit den Weinflecken auf dem Hemd. Sie kam näher, ich sah einen Lichtstrahl durch die Blätter hindurch von der Straßenlaterne herunter auf ihr Haar tropfen. So nah beieinander blieben wir eine Weile, ich weiß bis heute nicht, wie lange. Ich wollte nicht verstehen. Ich dachte – *thought* –

thththththth, die Zunge zwischen den Zähnen, wie mir der Englischkurs eines Tages beibringen würde –, dass ich sie nicht gleich umarmen musste, ich wollte, wusste aber nicht, ob es richtig war, mit elf hatte ich viel mehr Lust auf alles als heute. Aber so, wie ich erzogen worden war – Mutter, Tante, Seu Bill, und Seu Bill sagte nie etwas Vernünftiges, und ich hielt alles, was er sagte, für versaut. *Saw* – sah auch sie das Licht der Straßenlaterne glänzen in dem Zeug, das meine Haare verklebte? Sah sie meine dunklen Augen? Ich glaubte ein grünes Licht aus ihrem BH kommen zu sehen, aber ich war betrunken. Einmal hatte sie über die Farben der Chakren gesprochen, die sie in einer Zeitschrift gesehen hatte, und das Herz-Chakra war grün und war das Chakra der Liebe. Ich hatte noch nie Weingeschmack in dem Mund eines anderen Menschen geschmeckt, *whine* und *wine* schmeckte nicht wie der Wein in meinem eigenen Mund.

Das Fenster lenkt mich ab, ich spiegele mich ein bisschen in der getönten Scheibe. Ich wollte nach Rio, fand mich mit Rio ab, fand Rio … besser als zu Hause, besser als irgendwas, überzeugte sie mich allmählich. Abend für Abend zogen wir uns aus unter dem Baum, mit oder ohne Wespen, doch *but* niemand sah uns. Tagsüber trug ich kurze Hosen, sie ihren Bikini, die Blätter des Obstgartens, die nachts das Licht der Straßenlaterne filterten, hinderten nun das eine oder andere Stück Haut daran, braun zu werden. Es waren so viele Blätter, dass wir unmöglich ganz braun werden konnten und am Ende ganz scheckig sein würden wie eine *cow*.

Schließlich ging sie nach Rio. Mein Leben verschlug mich nach São Paulo. Als Lehrer, Übersetzer, Konsument kleiner Kapseln voller Träume und Freude, nostalgischer wertvoller Sauereien mit Rotweingeschmack. Jabuticabas. Die Stadt blieb zurück. Wie ist heute der Himmel dort? Klein, klein für immer, mein ganzes Leben lang wird meine erste Stadt winzig sein, unsichtbar. Ich werde nicht mitbekommen, ob sie noch mehr schrumpft. Nicht sehen, ob sie in der Zeit stehenbleibt. Nicht hingehen und nachsehen, ob man dem Platz mehr als die eine Zementbank gönnte, ob auf ihr immer noch Musiker sitzen, alte oder junge, um Chorinho zu spielen. Ich werde es höchstens aus Briefen erfahren, und dort interessieren sie sich fast nicht für Geschriebenes, Briefe oder E-Mails. Sie telefonieren lieber, und am Telefon erzählt niemand genau, was passiert, vielleicht weil überhaupt nichts passiert. Sie wollen immer nur wissen, was hier los ist. Ich erzähle ihnen von dem Buch, das ich übersetze, Brasilien gibt es nicht. Erzähle von dem nordamerikanischen Brasilianisten. Sie fragen mich nicht, was ein »Brasilianist« ist, weil sie meine Arbeit für ebenso kompliziert halten wie unwichtig. Sie wollen wissen, ob ich auf Partys gehe. Davon erzähle ich immer ausführlich. Und frage immer, was aus dem Mädchen geworden ist, das nach Rio gegangen ist. Sie wissen es nicht. Ihre Familie scheint sie nicht zu vermissen, so viele Kinder. Erwachsen, verheiratet, Enkel.

Mehr Kaffee. Keine Flecken auf das Papier machen. Keine Flecken auf das Hemd. Keine Flecken auf den Teppich des Büros machen, das mir nicht gehört.

Als ich ein Fenster ein wenig öffne, kann ich die Straße besser sehen und die Gebäude, verliere mich im Anblick des Betons, und mein Kopf befreit sich ein wenig von der alten Stadt. Doch nach einer Weile erinnert mich sogar der Beton an sie. Es gibt Leute, die sollten nie umziehen. Die Klimaanlage muss den ganzen Tag laufen, wegen des Computers. Eigentlich darf ich das Fenster nicht aufmachen. Ich frage immer, ob jemand etwas von ihr gehört hat, wenn ich telefoniere. Das Foto in der Schublade hier hat mein Freund, der mir den Raum überlässt, einmal gefunden. Wollte wissen, ob es meine Tochter sei, so jung war sie, als sie zum ersten Mal nach Rio ging. Wir haben uns nie über meine Stadt unterhalten. So geht das nicht. Noch 241 Seiten zu übersetzen. Ich habe für zwei Groschen Ahnung vom Leben, und das war's. Mehr will ich gar nicht. Gewinnt oder verliert Brasilien? Ich höre die Vuvuzelas nicht mehr.

übersetzt von Michael Kegler

Laura Erber

CALLE CON CARRITO

Es ist die Geschichte eines jungen Dramatikers und der Frau, mit der er sich im Café an der Ecke trifft. Es ist die Geschichte eines Kurators, den der Zynismus seiner Zeit fertigmacht. Es ist die Geschichte einer Person, die allmählich verrückt wird. Es ist die Geschichte eines Mannes, der keine Krawatten trägt, weil er sich seit seiner Kindheit davor fürchtet, erwürgt zu werden. Es ist die Geschichte eines Feuers und die Geschichte eines Diebstahls. Es ist die Geschichte eines Mannes, der die schlimmsten Eigenschaften seines Chefs erträgt. Eigentlich ist es die Geschichte eines Popcornverkäufers. Und die einer Frau, die es eilig hat, und die ihres silbernen Wagens. Es ist die Geschichte eines Unfalls. Es ist die Geschichte einer Person, die sterben wird, aber ihr eigenes Leben nicht noch einmal vor ihrem inneren Auge vorbeiziehen lassen will, sondern stattdessen die Filme, die sie in den Siebzigern im Cine Paissandú sah. Es ist die Geschichte eines Jungen, der einen Hund besaß und selbst ein Hund sein wollte. Es ist die Geschichte einer Frau, die schon ganze Tage unter Bienen verbracht hat und jetzt mit ihrem einzigen Sohn zusammenlebt. Es ist eine Geschichte, die in den Siebzigern anfängt, sich in den Neunzigern fortsetzt und im neuen Jahrhundert ein Ende findet. Es ist die Geschichte einer Rauchwolke, die sich über einer Stadt in Aufruhr ausdehnt. Sie beginnt in einem Café eines feuchten Landes und endet ganz in der Nähe der Stelle, an der sie begonnen hat. Die Figuren sind der kranke junge Dramatiker und eine Person, die er bewundert. Das Café ist seit sieben Stunden geöffnet. Sie kamen vor einer halben Stunde und wurden immer noch nicht bedient. Aus der Ferne betrachtet, erscheint die ganze Szene ziemlich dünn: Der kranke junge Dramatiker wartet darauf, dass seine Gesprächspartnerin etwas sagt. Mit dem Herz in der Hose und dem Misserfolg schon vor Augen, hat er ein Stück in fünf Akten geschrieben. Es kommt einem alles sehr bekannt vor. Sie will ihn nicht verletzen. Vielleicht ist er todkrank. Vielleicht ist es sein letztes Stück. Vielleicht gelingt es ihr, dieses Mal zu lügen. Ein Bettler betritt das Café. Der Kellner stößt eine üble Beschimpfung aus. Der Bettler verschwindet. Der Kellner verschwindet. Der junge Dramatiker bemerkt die Szene mit dem Bettler nicht einmal. Er will wissen, was sie von den Hindernissen, dem Einsatz des Zufalls, der schwarzen Baskenmütze der Hauptfigur hält. Die Hauptfigur ist der Kurator, fertiggemacht vom Zynismus seiner Zeit. Er ist ein sehr ernster Mann, der allmählich verrückt wird. Im dritten Akt ist er schon dem Wahn verfallen. Einer Art Raserei, angetrieben durch morbide Gedankengänge. Am 8. Juli 1978 legt der Mann im Museu de Arte Moderna von Rio de Janeiro Feuer. Während des Brands kommt er wieder zu Verstand, und er verzweifelt und bereut seine Tat und begeht ein zweites und ein drittes Verbrechen. Er verschwindet im vierten Akt und taucht erst wieder im Finale auf. Er kehrt zurück als beleibter Popcornverkäufer, der mit einem silbernen Wägelchen die Copacabana entlangstreift. Bei sich zu Hause hat er einen Kanarienvogel, einige Gemälde des uruguayischen Malers Joaquín Torres García und einen Picasso. Sie sagt nichts. Sie klappt die Serviette mehrmals auf und zu. Klar: Das Stück könnte noch schlechter sein. Sie sagt, dass sie immer schon ein Faible für überraschende Wendungen gehabt habe. Sie sagt, der Mensch an sich sei ein Rätsel. Sie führt das Zitat eines mittelalterlichen Autors an. Mit Recht kann sie sagen, dass das Figurenensemble einen bizarren Eindruck mache. Sie nimmt es zurück. Sie sagt: Überraschend. Sie sagt: Völlig anders als alles, was Sie bisher gemacht haben.

Sie sagt, dass sie in dieser Stadt noch nie einen dicken Popcornverkäufer gesehen habe. Sie räuspert sich. Sie wechselt das Thema. Sie sagt, dass es keine dicken Popcornverkäufer gäbe. Vielleicht seien Verkäufer in Antiquariaten, in denen Termitenschwärme über Lampen kreisten und die Zeit nur langsam vergehe, beleibt. Oder müde Angestellte in Reisebüros, in denen man an Einwegbechern sparen müsse. Sie sagt dann noch ein paar schlimmere Dinge. Beide verstummen für einen Augenblick. Sie sagt, er solle dem, was sie gesagt habe, keine Bedeutung beimessen. Sie sagt: Kraft. Sie sagt: Talent. Sie sagt: Verblüffend und laut. Sie sagt, ihr Telefon werde bald, sehr bald klingeln. Sie müsse gehen. Sie habe einen Sohn. Der verletzt worden sei. Schwer verletzt. Es sei dringend. Sie müsse sofort aufbrechen. Sie verschüttet den Kaffee über den Boden des Cafés. Sie kümmert sich nicht darum. Der Kellner kümmert sich darum. Es regnet. Sie steigt in den silbernen Wagen. Sie tritt aufs Gas. Sie verliert die Kontrolle. Sie stößt mit dem silbernen Wägelchen eines Popcornverkäufers zusammen, der genau in diesem Augenblick auftaucht. Der Popcornverkäufer überlebt. Der Popcornverkäufer ist ziemlich rundlich. Sie überlebt auch. Aber ihr Sohn stirbt. Die Straße ist voller Popcorn. Der Bettler ist wieder da. Die Polizei trifft ein. Die Feuerwehr trifft ein. Schaulustige kommen heran. Ein Baby mit einem gebrochenen Arm und sein Kindermädchen in Weiß. Das gequetschte Gesicht der Frau erscheint in den Zeitungen. Das Blut auf dem Popcorn erscheint in den Zeitungen. Das Kindermädchen in Weiß erscheint in der Zeitung und sagt darin, dass sich nie etwas ändern würde, dass es genau an dieser Stelle immer zu Unfällen komme. Der Popcornverkäufer erscheint in den Zeitungen. Das pausbäckige Gesicht des Popcornverkäufers auf der Titelseite mehrerer Zeitungen. Der Hausmeister des Mexikanischen Konsulats erkennt den Popcornverkäufer als einen ehemaligen Mitarbeiter des Museu de Arte Moderna von Rio wieder, der unter mysteriösen Umständen nach einem Brand am 8. Juli 1978 verschwand, bei dem achtzig Gemälde des uruguayischen Malers Joaquín Torres García den Flammen zum Opfer fielen. Der Fall wird neu aufgerollt. Dem Popcornverkäufer wird der Prozess gemacht. Vor Gericht bricht er mehrmals in Tränen aus. Er lacht auch. Er verspürt eine Frische, als ob ein riesiges Pfefferminzbonbon in seinem Hals stecken würde. Der Richter tobt. Das Herz des Popcornverkäufers schlägt immer schneller. Der Verteidiger spricht von geistiger Umnachtung, von mentaler Askese, von einsamem Fleisch. Der Staatsanwalt führt die Brandstiftung auf fehlenden Beischlaf zurück. Der Richter berauscht sich am Klopfen seines Hammers. Der Popcornverkäufer sagt die ganze Wahrheit über sich selbst in einem einzigen unverständlichen Satz.

übersetzt von Timo Berger

Anmerkung des Übersetzers

Calle con carrito ist der Titel einer Skulptur des uruguayischen Künstlers Joaquín Torres García aus dem Jahr 1928.

Leandro Salgueirinho

VERSUCHSANORDNUNG NR. 5

Itaipu. Insekten.

Insekten verursachten in mir die Anspannung, unter der ich leide. Die Wochenenden verbrachte ich bei meinem Vater, damit ich, wie er selbst sagte, mit der Natur in Berührung käme. Also ging ich einer meiner Lieblingsbeschäftigungen nach und folterte Insekten, die zu ihrem Unglück meine Aufmerksamkeit erregt hatten. Ich kann mich nicht daran erinnern, mich ernsthaft um eine artgerechte Umgebung für sie bemüht zu haben. In meiner Vorstellung mussten sie auf irgendeine Aufgabe vorbereitet werden und durften nicht in Frieden leben, das heißt, nicht wie Insekten, die sich gegenseitig verspeisen. Es musste möglich sein, ihnen Fähigkeiten zu entlocken, die nicht auf der DNA festgeschrieben waren. Und was ich ihnen verdanke, ist – vermutlich – das Gleiche, was Insekten anderen Insekten verdanken (sofern sie sich irgendetwas verdanken).

Wenn ich in der illustrierten Enzyklopädie der Bibliothek meines Vaters blätterte, zogen mich die Insektenbilder magisch an. Einige Arten hatte ich noch nie gesehen. Andere jedoch begegneten mir ständig, wenn sie zu Hause auf dem Balkon orientierungslos an einer Wand hochkrabbelten oder im Schwimmbad. Ich verlor mich in der Betrachtung der Abbildungen und vergaß darüber die zugehörigen Texte. Es war eine unmittelbare Beziehung zu Insekten, die mit dem Verstand nichts zu tun hatte, insofern brauchte ich mich ihnen gegenüber auch nicht menschlich zu verhalten.

Honig. Biene. Bienenhonig. Der Organisationssinn der Bienen machte mich fassungslos, denn trotz seiner Offensichtlichkeit, ja sogar Unerbittlichkeit, entzog er sich einer letztendlichen Erklärung und blieb geheimnisvoll. Ich nahm an, dass die Gesetze, denen Bienen sich unterwarfen, von ihnen selbst erlassen wurden, und so konnte ich ihnen in deiner Ursachenforschung ihrer so bereitwilligen Unterwerfung unter ein Gesetz nur gerecht werden, wenn ich auf Methoden zurückgriff, die der einzelnen Biene psychologisch angemessen waren.

Der Dickmaulrüssler, ein Käfer, war mein alltäglichster Begleiter. Er tauchte überall auf, ich meinerseits wusste, wo ich ihn jederzeit aufstöbern konnte. Er war sympathisch und hygienisch. Sein Gang elegant und rhythmisch. Der Erdstaub, der an ihm haftete, klebte auch an meinem Körper. Ich probierte an ihm Mixturen aus, die ich aus allem herstellte, was mir in Küche und Bad in die Hände fiel, auch aus Urin. Manchmal verstarb das Tier sofort, doch längst nicht immer, und ich erlangte schließlich ein gewisses Know-how darüber, was für den einzelnen Käfer je nach körperlicher Beschaffenheit noch erträglich ist. Überlebten die Tiere, so waren sie in der Lage, das Trauma wie ideale Kinder zu vergessen und im wahrsten Sinne des Wortes ein neues Leben zu beginnen, worüber ich mich freute.

Gern tauchte ich die Insekten in ein Gefäß mit Cola, holte sie triefend wieder heraus und untersuchte, ob sie es schafften, die Flüssigkeit wieder loszuwerden, die ihre Bewegungen behinderte und sie vergiftete. Oder ich befestigte sie an den Seilen eines batteriebetriebenen Krans und zog sie durch den Flaschenzug des Spielzeugs, ihre Beine strampelten noch in der Luft, während ihr Körper schon zerquetscht wurde.

Wie Herbstdrachen an Schnüren befestigte Libellen, die schließlich von ihrem Folterknecht wahllos verstümmelt wurden; Desinfektionsmittel, das auf dem Rücken von Nacktschnecken reagierte und diese in Rauch aufgehen ließ – ginge es mir darum, meine mutmaßliche Grausamkeit unter Beweis zu stellen, so könnte ich hier ohne Umschweife noch so einiges auflisten. Meine Gefühllosigkeit stand indessen dem gegenüber, was der Sehsinn mir vermittelte – derjenige der Sinne, der in seinem zugehörigen Organ wohl am wenigsten unmittelbares Wohlsein oder Unwohlsein auszulösen vermag –, nämlich dass es auch für Insekten eine Grenze des Erträglichen gab, denn es war offensichtlich, dass sie etwas fühlten. Ich muss an dieser Stelle hinzufügen, dass unter der Oberfläche meines mangelnden Mitleids die Erziehung meiner Mutter um ihr Leben kämpfte: Eigentlich kann ich keine noch so jämmerliche Katze umbringen und habe Angst vor Ratten und Kakerlaken.

Eine Zeitlang lag den Kakaopulverdosen einer bestimmten Marke ein Geschenk bei: Die detailgetreue Reproduktion der gleichen Kakaodose in klein. Zufällig war ich gerade auf der Suche nach einem passenden Gefäß für die Tierchen. Passend ist vielleicht nicht der richtige Ausdruck: die Dose war ein bestialisches Gefängnis.

Eine Heuschrecke wurde als Versuchstier auserkoren. Ich bereitete einen kleinen Scheiterhaufen vor, und als das Feuer loderte, warf ich die Dose hinein. Ich vernahm Geräusche, während das Etikett des Kakaos verschmorte. Ein verzweifeltes, heftiges Klopfen, das schnell verebbte. Ein Klopfen, das von Entsetzen und Bewusstsein zeugte.

Ich öffnete die noch heiße Dose, um zu verstehen, was geschehen war. Der kleine Körper, vormals grün, nun rot, fiel steif auf den Rasen, anstelle deiner Augen zwei schwarze, matt glänzende Blasen.

Es war abstoßend. Ich betrachtete aufmerksam das blinde, nein, augenlose Tier und verstand entsetzt, dass ich eine Grenze überschritten hatte. Der Anblick war unerträglich. Ich rannte ins Haus und betete darum, dass das dämonische Bild vor meinem inneren Auge verschwände. Ich erzählte weder meinem Vater noch meinem Bruder etwas davon.

Mit Ausnahme eher zärtlicher Experimente an Säugetieren kann ich mich an keine weiteren bemerkenswerten Tierversuche nach dieser Episode erinnern (außer an Hamstern und Kakerlaken), wenn ich allerdings etwas genauer darüber nachdenke, kommen mir dann doch ein paar schüchterne Versuche mit Larven in den Sinn.

Es ist wohl anzunehmen, dass die Toten wiedergeboren werden.

übersetzt von Odile Kennel

Ricardo Lísias
PHYSIOLOGIE DER EINSAMKEIT

für Ana Paula Sousa

I

Ich schreibe im Wesentlichen aus zwei Gründen und aus einer Vielzahl anderer, die vermutlich weniger wichtig sind. Ich verzichte darauf, sie alle aufzuzählen, obwohl sie mir – wie etwa die politischen Gründe – für den Leser interessanter erscheinen, aufgrund der einfachen Tatsache, dass ich dafür zu viel Platz bräuchte, und vor allem, weil man sie aus meinen fiktionalen Texten leicht selbst herauslesen kann.

Ich schreibe also Geschichten, weil ich sehr einsam bin und weil Schreiben die beste Art ist, sich selbst kennenzulernen. Eine Zeitlang ging ich zum Psychoanalytiker, das hat mir ein wenig geholfen. Doch die Literatur lindert die Last meiner Einsamkeit.

Es ist mir wichtig, eins klarzustellen: Einsam zu sein bedeutet nicht, wie viele Leute glauben, allein zu sein. Ich hatte schon mehrere feste Beziehungen, es fällt mir auch nicht schwer, Freundschaften zu schließen, und manche davon bestehen schon seit mehr als zwei Jahrzehnten. Auch mit meiner Familie verstehe ich mich gut, und ich verspüre nicht den geringsten Anflug sozialer Phobie. Ich unterhalte mich gern. Trotzdem fühle ich mich immer einsam. Als ich in einem einsamen und scheußlichen Winter in Campinas mein erstes Buch schrieb, erkannte ich den Grund für meine Einsamkeit, auch wenn ich mir erst ein paar Jahre später vollständig darüber bewusst wurde. Ich fühle mich einsam (entdeckte ich, als ich in einem einsamen, scheußlichen Winter in Campinas mein erstes Buch schrieb), weil es mir nie gelingt, genau das, was ich sagen will, in Worte zu fassen. Nicht einmal auf die Art und Weise, von der ich überzeugt bin, dass sie am angemessensten ist. Das ist keine Demut meinerseits. Ich bin vielmehr ziemlich überheblich: Manchmal bin ich meinem Ziel sehr nahe gekommen. Und ich weiß, der Kern dessen, was ich sagen möchte, und die angemessenste Form (ich meine das Ideal dessen, was ich sagen möchte – es gelingt mir einfach nicht, auf den Punkt zu kommen) existieren, und ich bin mir sogar sicher, dass beides in meiner Reichweite liegt, doch ich schaffe es nicht, ganz zu ihnen vorzustoßen. Als würde die Kommunikation an einem bestimmten Punkt abbrechen. Schriftsteller, die im 21. Jahrhundert immer noch mit Klarheit schreiben, halte ich für bemitleidenswert. Solche, die durchsichtige Romane verfassen. Sie sind vulgäre Künstler. Ignoranten. In der heutigen Welt verrät die Klarheit eines fiktionalen Textes eine äußerst einfältige Persönlichkeit.

Die Vereinsamung ist ein intimes Gefühl. Ich taste mich vorsichtig heran, um sie am besten in Worte zu fassen. Ich weiß, dass es sich um eine sehr bedrückende und intensive Spielart der Einsamkeit handelt. Ich habe nur eine Möglichkeit, mich diesem Mysterium anzunähern: mithilfe der literarischen Technik. Sie macht mein Leiden erträglich.

II

Die Literatur verringert meine Einsamkeit, weil es die literarische Technik gibt. Sie tröstet mich und fordert mich gleichzeitig heraus: Ich habe keine Ausrede mehr, um mich dem, was mich daran hindert, das zu sagen, was ich sagen will, nicht anzunähern – in der nötigen Intensität und der angemessenen Form. Die ganze Zeit »experimentiere« ich mit der »literarischen Technik« (was gar nicht so gut ist). Aber nie erreiche ich das Ergebnis, das ich mir wünsche. Deswegen habe ich das letzte Mal ein paar kleine Änderungen vorgenommen. Nicht viele. Schon gar nicht über den Punkt hinaus, an dem ich von dem, was ich für mein Ideal halte, abweichen würde. So ist es in greifbare Nähe gerückt, das erhöht aber meinen Kummer nur.

Ich nehme weiter kleine Veränderungen vor. Technik ist folglich eine Obsession: Sie ist ein und dieselbe Sache, die unzählige Male mit geringfügigen Variationen wiederholt wird. Die literarische Technik hat also viel mit Sex gemeinsam.

Ich glaube, dass ich, als ich mein erstes Buch schrieb, aufgrund all dieser Dinge nur an die Literatur von Samuel Beckett dachte. Ich war von ihr besessen. Das ist nicht gut: Wenn man sich von der Technik blenden lässt, fühlt man sich weniger einsam. Die Technik leistet mir Gesellschaft, denn sie ist die einzige Methode, über die ich verfüge, um unzählige Male zu versuchen, genau das zu sagen, was ich sagen will. Man könnte sagen, der Erzähler ist ein Freund.

III

Diese Obsession für die Technik verrät einen anderen Zug meines Charakters: die Lust daran, immer neue Variationen mit kleinen Abweichungen zu erzählen. Ich bin mir vollkommen bewusst, dass ich fast am Ziel bin. Deswegen kann ich nicht mehr viel variieren, wenn ich einen fiktionalen Text verfasse. Läge ich hierbei völlig falsch, wäre ich vielleicht nicht so einsam.

Tatsächlich finde ich Obsessionen äußerst reizvoll. Ich hielt sie immer für einen Charakterzug starker Persönlichkeiten. Wie zu einem großen Teil auch Sicherheit und Selbstkontrolle. All diese Charaktereigenschaften (Kraft, Sicherheit, Selbstkontrolle) helfen mir, die richtige literarische Technik zu finden.

Als ich mein erstes Buch schrieb, während eines scheußlichen Winters in Campinas, war ich geblendet von Samuel

Beckett. Ich weiß heute, dass es fast ausschließlich an seiner Form lag. Beinahe täglich zwischen 1997 und 2003 las ich Beckett. In dieser Zeit steckte in meinem Rucksack immer ein Buch von ihm. Ich kenne das gesamte Werk von Samuel Beckett. Die Obsession für ihn muss wohl meine längste gewesen sein.

Dabei halte ich James Joyce für viel wichtiger für mein Schreiben. Doch von Joyce war ich nie besessen. Bis heute habe ich nicht einmal sein gesamtes Werk gelesen. Zum Beispiel kenne ich seine Theaterstücke nicht, und auch die Gedichte habe ich nur überflogen.

2003 beschloss ich, nach Dublin zu fahren. Es wollte mir nicht gelingen, etwas Fiktionales zu schreiben (so wie es mir auch jetzt – im Februar 2010 – nicht gelingt), und ich war so naiv zu glauben, dass es mir helfen würde, die Stadt von Beckett und Joyce kennenzulernen. Um mir die vielen Zwischenlandungen zu ersparen, kam mir die Idee, erst nach London zu fliegen und von dort zu der Stadt zu fahren, in der die Fähre nach Dublin ablegt. Damit die Fahrt nicht zu anstrengend würde, machte ich einen Stopp im hässlichen Birmingham. Dort nahm ich einen anderen Bus, um den Hafen im Morgengrauen zu erreichen und nach Irland überzusetzen. Ich hatte mir vorgenommen, Dublin ausgiebig zu erkunden und meine Reise dann bis Belfast fortzusetzen.

Ungefähr zwei Stunden nachdem wir losgefahren waren, hielt der Omnibus in einer kleinen Stadt, und eine junge Frau stieg ein und setzte sich auf den Platz neben mir. Sie war wohl um die zwanzig, hatte lediglich einen Rucksack dabei und trug trotz der eisigen Temperaturen nur einen Minirock. Ich merkte, dass ihr die Kälte zusetzte. Ich bin sehr einsam, aber ich bin kein Einzelgänger. Ich bot ihr ein Stück meiner Decke an. Ich hatte mich in eine große Wolldecke eingewickelt, die mir meine Tante aus Peru mitgebracht hatte. Eine sehr schöne, eine dieser farbigen Decken, die nicht besonders dick sind, aber sehr warm halten. Sie nahm mein Angebot an und rückte näher an mich heran. Ich klappte die Armlehne zwischen unseren Sitzen hoch. Wenig später lag die junge Frau auf meinem linken Oberschenkel, und nur ihr Kopf ragte noch unter der Decke, die mir meine Tante aus Peru mitgebracht hatte, hervor. Als sie sich an meine Schulter schmiegte, spürte ich ihren warmen Atem in meinem Nacken. Wir blieben etwa eine Stunde in dieser Position. Und dann bemerkte ich, dass sie unter der Decke ganz sachte über meinen Penis streichelte.

Ich erschrak furchtbar. Dann spürte ich, dass mich die junge Frau zu einer starken Erektion brachte. Sie merkte es auch, denn sie rieb fester über meinen Penis. Etwas später öffnete sie schweigend den Reißverschluss meiner Hose, streifte ihren Schlüpfer nach unten (ich bin mir nicht sicher, ob es genau so war) und richtete sich ein wenig auf, damit ich in sie eindringen konnte. Alles ging sehr langsam vonstatten: Die Decke, die mir meine Tante aus Peru mitgebracht hatte, bewegte sich kaum. Sie war sehr feucht, und mein Penis stieß auf wenig Widerstand.

Ich bewegte meine Hüfte auf und ab, doch sie stemmte mir sofort ihre linke Hand in die Hüfte und gab mir deutlich zu verstehen, dass ich damit aufhören sollte. Es sollte allein durch die Bewegungen des Busses geschehen.

Ich strengte mich wahnsinnig an, um nicht zu kommen. Ich muss es fast eine Stunde ausgehalten haben. Nachdem ich gekommen war, ließ sie jedoch nicht von mir ab, und ich glaube, obwohl meine Erektion (im Januar 2003 war ich 27 Jahre alt) nicht mehr so stark war, trieben wir es eine weitere Stunde miteinander. Die ganze Zeit über stöhnte sie kein einziges Mal.

Die junge Frau stieg ungefähr zwei Stunden, bevor wir den Hafen, an dem die Fähre nach Dublin ablegte, erreichten, aus. Sie sagte nichts, gab mir weder einen Kuss, noch bedankte sie sich dafür, dass ich meine Decke mit ihr geteilt hatte. Ich hielt es nur eine einzige Nacht in der Stadt von Samuel Beckett und James Joyce aus. Ich erinnere mich an gar nichts mehr. Sehr früh am nächsten Morgen nahm ich die Fähre zurück und fuhr mit dem Bus bis zu der Stadt, in der sie, wie ich annahm, ausgestiegen war.

Meine Schreibblockade verflog zeitgleich mit meiner Obsession für Samuel Beckett. Ein paar Monate ließ ich mich von der argentinischen Literatur faszinieren, dann vom Falklandkrieg und dann von der zeitgenössischen lateinamerikanischen Literatur.

IV

In der Stadt, von der ich annahm, dass die junge Frau dort ausgestiegen war, verfasste ich die letzte Version meines Romans *Dos nervos* (*Von den Nerven*). Der Text erschien in der ersten Auflage in einem kleinen, liebenswürdigen Verlag in São Paulo. Obwohl wir überhaupt keine Werbung machten, kam das Buch gut an.

Kurz nach der Veröffentlichung von *Dos nervos* wurde mir klar, dass ich nicht zuletzt aus dem Grund schreibe, weil ich sehr einsam bin. Ich war es immer gewesen, doch seit damals (irgendwann im Jahr 2004) bin ich mir darüber bewusst.

Die Einsamkeit ist nicht unbedingt ein trauriger Zustand. Manchmal macht sie einem Angst, das stimmt. Ich weiß jedoch, dass ich immer noch über viele technische Varianten verfüge, was mir weiter Hoffnung lässt. Vielleicht ist es das, was ich sagen will: Die Technik tröstet mich, denn wenn mich die Einsamkeit bedrückt, weiß ich, dass es andere Alternativen gibt. Das heißt: Meine Angst wird vergehen.

An dieser Stelle wird mir bewusst, dass man die literarische Technik nicht nur mit Sex vergleichen kann, es gibt auch viele Parallelen zur Liebe. Geht sie zu Ende, wird auch dieser heftige Schmerz – obwohl es nicht den Anschein hat – einmal vergehen. Oder anders gesagt: Es wird möglich, mit ein paar kleinen Veränderungen etwas anderes zu machen. Und vielleicht wird es dann besser.

übersetzt von Timo Berger

Tatiana Salem Levy

ZU WEIT WEG

Als sie sich für Macao entschied, sagte sich Flávia: Ich will an den Ort, der von Brasilien am weitesten entfernt ist. Sie kam aus Poços de Caldas im tiefsten Minas Gerais, war erst nach Belo Horizonte gezogen und dann weiter nach Rio de Janeiro. Rastlos wie sie war, dachte sie, dass Rio sehr klein, fast so klein wie Poços de Caldas sei. Sie wollte aber durch die Stadt spazieren, ohne auf Bekannte zu treffen. Die junge Frau, gerade mal zweiundzwanzig, wollte in der anonymen Masse verschwinden. An der Fakultät erkundigte sie sich nach möglichen Austauschuniversitäten, und als sie über das Wort »Macao« stolperte, zögerte sie keinen Moment lang.

Über die Stadt selbst wusste sie nur, dass sie einmal portugiesische Kolonie gewesen war. Sie hatte keinen blassen Schimmer von den Casinos, von der zeitgenössischen Architektur, die sich langsam die umzäunten alten Grundstücke einverleibte, noch von den Kolonialvillen und den Straßen mit poetisch klingenden Namen. Sie hatte beschlossen, vor ihrer Reise bei Google nichts nachzusehen. Sie wollte sich überraschen lassen.

Doch weniger Dinge, als sie sich vorgestellt hatte, überraschten sie. Erstaunt war sie über das süße Fleisch, das die Chinesen sonntags so gerne im Zentrum verspeisten, über die aufgehängten Schweinsköpfe, aber nicht so sehr über die Neonlampen, die überall nachts brannten, oder den Plunder, der an jeder Ecke feilgeboten wurde. Sie hatte gedacht, dass mehr Leute Portugiesisch sprechen würden. Doch letzten Endes wurde es nur von den in den letzten Jahren geflohenen Portugiesen gesprochen, die sich wie sie nach einem weit entfernten Ort gesehnt hatten. Dennoch trafen sich diese Leute in den immer gleichen – portugiesischen – Cafés, um – portugiesisches – Gebäck und Sandwiches zu essen –, portugiesische – Zeitungen zu lesen und sich – auf Portugiesisch – zu unterhalten. Und das war Flávia wieder viel zu nahe.

Sie sehnte sich danach, weit weg zu sein. Doch in die Ferne zu gelangen war schwer. Sie mietete eine Wohnung im Beco da Eterna Felicidade, der Gasse des Ewigen Glücks. Der Name gefiel ihr so sehr, dass sie es sich nicht vorstellen konnte, woanders zu wohnen. Sie lebte in der Nachbarschaft von Menschen, die nur Mandarin oder Kantonesisch sprachen, beobachtete die Straße durch ein Gitter und vernahm einen starken Geruch nach Essen aus den angrenzenden Wohnungen. Aber auch so stellte sich die Ferne nicht ein. Auch das andere schien schon immer existiert zu haben.

Nach fast einem Jahr in Macao fand sie endlich einen Sinn für sich. Es war an einem kalten, weißen Morgen, einem Mittwoch, dessen genaues Datum sie vergessen hat. Sie erinnert sich auch nicht mehr, von wo sie kam oder wohin sie unterwegs war. Nur dass sie schon oft durch diese Straße gegangen war. Ihre Erinnerung setzt mit einem Schatten ein, der im Winkel ihres linken Auges auftauchte und den gleichmäßigen Rhythmus ihrer Schritte durcheinanderbrachte. Sie zögerte, wurde langsamer und kehrte schließlich um. Sie befand sich in der Rua do Pagode.

Der Mann musste um die achtzig Jahre alt sein. Vielleicht auch erst siebzig. Oder fast schon neunzig. Er saß auf einem Sofa und blickte auf einen Fernseher, in dem eine Gruppe Musiker in einer idyllischen Landschaft ihre Lieder zum Besten gab. Die Untertitel leuchteten im richtigen Moment hell auf, sodass man mitsingen konnte. Und der Mann, der auf dem Sofa saß und ein neues Mikrofon in der Hand hielt, sang. Das Mikrofon war auch der einzige glänzende Gegenstand im ganzen Haus, der einzige, der nicht unter einer Staubschicht lag. Selbst der Mann sah verstaubt aus, die weißen Haare hatten einen leichten Gelbstich, die Finger- und Zehennägel waren lang und hatten schwarze Ränder. Er trug eine ausgeblichene blaue Hose und ein löchriges Hemd. Sein Haar war aber sorgfältig mit Gel zur Seite gekämmt.

Flávia konnte in das gesamte Wohnzimmer und einen Teil des Flurs blicken. Die Wände waren aus Glas, geschützt von hohen Gitterstäben, die vom Boden bis zum Dach reichten. Das Haus des Mannes sah aus wie ein Gewächshaus, und sie hatte ihm nie zuvor Beachtung geschenkt. Sie ging ans Gitter und streckte ihren Kopf zwischen zwei Stäbe. Zurückhaltung war ihr völlig fremd.

Der Mann sang, doch sie hörte ihn kaum. Im Regal neben dem Fernseher standen private Fotos, darunter waren Bilder aus Zeitungen gemischt, viele davon geschmückt mit farbigen Rahmen aus unterschiedlichen Materialien, von Keramik bis Plastik, und eine blinkende Lichterkette hing ebenfalls da. Der Fernseher stammte aus einer Zeit, in der es noch keine Fernbedienung gab. Neben dem grauen, zerschlissenen Sofa, auf dem der Mann saß und sang, stand ein kleiner Altar, mit einem Porträt in der Mitte, Räucherstäbchen, Früchten und falschen Geldscheinen. Und auf dem Tisch vor dem Sofa Papierstapel, Videokassetten und DVDs. Der Rumpf des Mannes bewegte sich beim Singen vor und zurück, wie bei einem ins Gebet versunkenen Juden.

Während Flávia den Mann beobachtete, kam niemand sonst die Straße entlang, als würde die Welt aus Ehrfurcht vor ihrer Begegnung innehalten. Er blickte nicht ein einziges Mal in ihre Richtung, doch sie bildete sich ein, dass er sie gesehen hatte. Sie war sich ganz sicher, dass er sie gesehen habe. Doch selbst wenn es so war, hörte er nicht auf zu singen. Er sang auch nicht lauter oder lächelte. Er tat genau das, was er getan hätte, wenn sie nicht aufgetaucht wäre. Zumindest dachte Flávia das.

Nach einigen Musikstücken – sie könnte nicht sagen, wie viele es waren – legte der Mann das Mikrofon aufs Sofa, stand auf, schaltete den Fernseher aus und verschwand im Flur. Die bunte Lichterkette blinkte weiter, doch das Wohnzimmer blieb leer, als der Mann weg war und das Echo der Stimme verhallte, von der Flávia nicht sagen konnte, ob sie die Töne traf oder nicht. Überhaupt könnte sie ziemlich wenig über das sagen, was an jenem Nachmittag mit dem kalten, weißen Himmel passiert war. Sie erkannte nur die aufkommende Traurigkeit wieder, eine Traurigkeit, die sich bei demjenigen, der spürt, dass er trotz allem am Leben ist, zusammen mit einem Lächeln einstellt.

Nach diesem Tag ging sie jeden Morgen in die Rua do Pagode, um den Mann singen zu sehen. Sie liebte es, ihr Kinn an die Scheibe zu pressen, sich mit den Händen an dem Gitter festzuhalten, und malte sich aus, wer der Mann war. Mal war sie überzeugt, dass er vom chinesischen Festland hierhergekommen war und dass ihm seine Frau und seine zwei Kinder folgen sollten, denen das Visum aber verweigert worden war, und sie ihn deshalb nie wiedersehen sollten. Mal stellte sie sich vor, dass er von seiner Frau verlassen worden war und dass sie mit einem anderen nach Hongkong gezogen war. Mal, dass er seine ganze Familie bei einem Autounfall verloren hatte. Mal, dass er sehr reich gewesen war und Ende der neunziger Jahre, kurz bevor Macao seinen Status als portugiesische Kolonie verlor, alles im Casino verspielt hatte. Sie stellte sich auch vor, er sei Fischer gewesen, Dichter oder womöglich ein erfolgreicher Sänger, dessen Stern mittlerweile gesunken war. Sie malte sich aus, dass er viele Liebhaberinnen gehabt hatte, dass er unzählige Male nach Thailand gefahren war, um mit Prostituierten zu schlafen. Aber auch hier, in der Galerie des

Casino Lisboa, in der sie ihre Runden drehten. Oder er hatte als Mönch gelebt, wie sollte man das wissen.

Dieselbe Szene wiederholte sich Tag für Tag: Sie steht draußen auf der Straße, er singt im Haus vor dem Fernseher. Und die Welt steht still, niemand kommt vorbei, wenn Flávia vor dem Haus steht.

Fast sechs Monate waren vergangen, und sie ging immer noch in die Rua do Pagode. Doch dann war er nicht mehr da. Sie riss ihre Augen weit auf, vielleicht sah sie ihn nicht, weil es drinnen so dunkel war. Sie wartete, doch im Haus rührte sich nichts. Sie ging wieder, gesenkten Hauptes, ängstlich. Am Nachmittag desselben Tages kehrte sie wieder zurück, das Haus stand immer noch dunkel und leer vor ihr. Auch am nächsten Tag kehrte sie wieder zurück, doch in dem Haus regte sich weiter nichts. Die Gegenstände verharrten an ihrem Ort, nichts deutete darauf hin, dass er da war, weder eine Teetasse noch ausgezogene Pantoffeln. Traurigkeit überkam sie. Sie wollte irgendjemanden nach ihm fragen, doch sie sprach weder Chinesisch, noch wusste sie, an wen sie sich wenden sollte. Es kam ihr falsch vor, dass er einfach so verschwunden war. Besuchte er seine Frau und seine Kinder in China? Befreite er seine Frau in Hongkong? Schlief er in Bangkok mit Prostituierten? War er zum Angeln gefahren? Auf Reisen?

Selbst eine Woche später ging sie immer noch jeden Tag an dem Haus vorbei. Auch zwei, drei Wochen später, in sich versunken. Würde er nie wieder dort sein?

An einem Freitag, zur Mittagszeit, sah sie drei Männer kommen. Sie schlossen das Gitter und die Glastür auf, und das Haus öffnete sich plötzlich zur Straße hin. Zum ersten Mal sah Flávia das Wohnzimmer ohne die Scheibe, atmete die Luft des Wohnzimmers ein, seinen Geruch. Sie beobachtete die Männer, die ein und aus gingen, das Haus leerräumten und die Möbel zu einem Lastwagen schleppten, der in der

Querstraße abgestellt war. Sie stand wie versteinert da, während die Männer sie keines Blickes würdigten. Sie führten lediglich ihren Auftrag aus, räumten den Esstisch weg, den Couchtisch, der in der Mitte des Wohnzimmers stand, die Stühle, wickelten alle Gegenstände ein und nahmen sie mit. Um das Sofa rauszutragen, packten sie zu dritt an und ließen die junge Frau allein zurück, die Tür des Hauses blieb offen stehen.

Als sie wieder zurückkamen, stand sie drinnen, vor dem angeschalteten Fernseher, es spielte Musik. Sie hielt das Mikrofon auf Höhe ihrer Lippen, sang jedoch nicht, folgte den Untertiteln mit den Songtexten nur mit den Augen, ohne die Ideogramme zu verstehen. Doch selbst wenn sie diese verstünde, würde sie, mit unterdrückten Tränen, nicht singen.

Sie sagten zwar nichts, unterbrachen aber zum ersten Mal verblüfft ihre Arbeit. Hypnotisiert von dem Videoclip, versunken in Gedanken, bemerkte sie es nicht einmal. Wenig später nahmen sie ihre Arbeit wieder auf, räumten die Zimmer aus. Flávia verharrte am selben Ort.

Bis das ganze Haus leer war. Nur sie war noch da, das Mikrofon und der Fernseher. Die Männer wechselten untereinander Blicke, rangen damit, wie sie ihr sagen sollten, dass sie auch den Fernseher mitnehmen müssten. Am Ende sagten sie nichts, rissen das Kabel einfach aus der Steckdose, nahmen das Gerät mit und ließen ihr nur das Mikrofon. Sie kehrten nicht wieder zurück. Flávia ging schließlich auch, den glänzenden Gegenstand nahm sie mit.

Sie sollte den Mann nie wieder singen sehen. Sie sollte ihn überhaupt nie mehr sehen. Sie lag auf dem Sofa in ihrer Wohnung und dachte, dass sie seine wahre Geschichte nicht kannte. Dass sie nicht wusste, ob er aufgebrochen oder gestorben war. Dass er auch ihre Geschichte nicht kannte, die wahren Gründe, die sie bis nach Macao verschlagen hatten, den alten Schmerz, den sie in sich trug und über den es ihr nie gelingt zu sprechen. Sie dachte, dass er auch jenen Schmerz gefühlt haben müsse, denselben Schmerz, doch sie wusste nichts über ihn und er auch nichts über sie. Sie weinte, als ihr bewusst wurde, dass sie nicht mal den Namen des anderen kannten. Sie wusste nicht, wie der Mann, der gesungen hatte, hieß. Sie brach in Tränen aus und dachte, dass der ferne Mann derjenige war, dem sie am nächsten gekommen war.

übersetzt von Timo Berger

João Paulo Cuenca

DER KARNEVAL IST VORBEI

Ich will eine Glosse schreiben für alle, die einen traurigen Karneval hatten. Die am Aschermittwoch erwacht sind und wieder allein waren, noch den Geschmack der vergangenen Woche im Mund. Für die, die erst schüchtern und dann verzweifelt ihre Selbstachtung einstürzen sahen, je mehr sie bei Kolumbinen, Indianerinnen, Teufelinnen und Tänzerinnen unweigerlich abgeblitzt sind und nichts geerntet haben als eisige Blicke.

Eine Glosse für die Reservearmee der Tamburinspieler, die Hilfstruppen am Rand des Geschehens, für alle, denen am Ende des Rummels ein dickes Null-zu-Null auf der Stirn prangte. Für alle Mädchen, die sich parfümiert und verkleidet und ihre Füße im Rhythmus des Samba bewegt, Blicke geworfen, sich umgeschaut und sich so viel erwartet haben. Und niemand, kein Einziger kam, meine Liebe, kein Einziger. Nichts.

Eine Glosse schreiben für die Pierrots, die ihre Liebe in fremder Hand wiederfanden, den Mund aufgerissen auf einem anderen Mund und mit ihren Tränen gurgelnd. Für alle, die ihre Angebetete beim Knutschen mit Unbekannten erwischten zwischen Hunderten sich unter Konfettigewitter bewegenden Körpern und dem rasenden Trommeln eines Bloco de Samba, das von da an nur noch ein unerträglicher Taumel war. Eine Glosse für die, die den Tücken der Liebe erlagen im vernebelten Karneval und mit metaphysischem Blick eine Realität sahen, die auch eine Dose lauwarmen Biers nicht mehr weichzeichnet.

Für die Betrunkenen, die den Schatten an der Wand ihre Geständnisse klagten, in der Gosse gelandet sind, Straßenlaternen geküsst und Verkehrspoller umarmt haben. Für die Frauen, denen unterwegs Höschen und andere unwiederbringliche Teile verlorengingen. Für die nachdenklichen Narren, die im Refrain innehielten und sich gefragt haben: »Warum?« Für den Trommler, der sich verspielte, vom Zeremonienmeister eine geklatscht bekam und mitten im Aufmarsch aus der Kapelle geworfen wurde. Für alle, denen das alles fremd ist, selbst mitten im größten Gewühle des Terreirão do Samba auf der Praça Onze. Für alle, denen der Eintritt zur VIP-Lounge der großen Biermarke verwehrt wurde, und – vor allem – für diejenigen, die in die VIP-Lounge der großen Biermarke eingelassen wurden. Für die Tänzerinnen mit ihren gestalteten Körpern und den Pfeilen so vieler Blicke im Rücken, von denen sie wissen, dass kein einziger davon tatsächlich ihnen gilt, weil sie, wie alle Frauen, nicht selbst gemeint sind, und kein einziger davon sie je wirklich trifft.

Für die melancholischen Damen und Herren, die sich, auf ihre Ellenbogen gestützt, aus den Fenstern in Laranjeiras lehnen und die Karneval an eine längst untergegangene Reinheit erinnert, an rauschende Bälle in Paquetá, Ätherflakons und Karnevalsmärsche in einer Stadt, die es längst nicht mehr gibt, und an ein Leben, das sich dem Ende zuneigt. Für die hartnäckig Unglücklichen in klimatisierten Kinos, Buchhandlungen und Cafés, die versuchten, so zu tun, als sei gar nicht Karneval.

Eine Glosse zu Ehren der Verlierer des Karnevalszuges, ein Tribut an jene, deren Komposition verrissen, ein Trost den Touristen, die überfallen und zusammengeschlagen wurden in der Stadt der Wunder. Ein Zuspruch den Schwachen, die vor den Menschenmassen des Cordão da Bola Preta kapitulierten, die sich fürchteten in der nächtlichen Avenida Rio Branco des Bloco Cacique de Ramos, denen die Stimme versagte in dem einzigen Augenblick, der sie vor einem traurigen Karneval hätte bewahren können. Eine Glosse, die jenen ein wenig die

Last nehmen soll, für die das Ende des Karnevals schlicht das Ende ist, ein Rest dünne Suppe nach dem Trubel am Rande des Abgrunds, nur Trauer und Angst vor dem übrigen Jahr. Denn das Jahr nach dem Karneval ist nur der Rest. Nur das bisschen, das übrig ist.

Es ist vorbei, und das Ende kommt immer zu früh, der letzte Tag ist zu schnell da. Nächstes Jahr wieder. Es ist vorbei. Die Asche des Aschermittwochs rieselt auf den letzten Tanz. Die fliegenden Händler zerren ihre Handwagen hinter sich her, die Trommler sammeln ihre Instrumente zusammen, das Echo des letzten Sambas verhallt über uns. Mit dem tiefen Schlag einer einsamen Pauke endet der Karneval. Die Straßen werden bereits gereinigt, die Autos kehren zurück. Die dunklen Vororte sind wieder verstummt. Die abgesperrten Avenidas sind wieder verstummt. Wir sind verstummt. Es ist vorbei. Bald wird es Morgen, und wir werden nicht mehr sein, wer wir waren. Was wird unser Lebenszweck sein ohne Karneval. Und was wird aus uns bis zum nächsten?

übersetzt von Michael Kegler

QUELLEN UND BIOGRAPHIEN

Estevão Azevedo, 1978 in Natal (Rio Grande do Norte) geboren, lebt als Journalist und Schriftsteller in São Paulo. Bisher hat er zwei Erzählbände sowie den Roman *Nunca o nome do menino* (2008) veröffentlicht. Sein Beitrag zu dieser Anthologie erschien erstmals in der Internetzeitschrift *Possibilidades da fotografia contemporânea* (Instituto Itaú Cultural, 2005). © Estevão Azevedo 2005

Fabrício Corsaletti, 1978 in Santo Anastácio geboren, ist Kolumnist der Zeitung *Folha de S. Paulo*. Von ihm sind unter anderem der Lyrikband *Esquimó* (2010) sowie der Roman *Golpe de ar* (2009) erschienen. Sein Anthologiebeitrag stammt aus der Erzählungssammlung *King Kong e cervejas* (São Paulo: Companhia das Letras, 2008). © Fabrício Corsaletti 2008

João Paulo Cuenca, 1978 in Rio de Janeiro geboren, schreibt als Kolumnist für mehrere brasilianische Zeitungen. Seine Romane *Corpo Presente* (2002) und *O dia Mastroianni* (2007) hievten ihn 2012 auf die Granta-Liste der 20 wichtigsten jungen brasilianischen Autoren; auf Deutsch erschien von ihm *Das einzig glückliche Ende einer Liebesgeschichte ist ein Unfall* (A1 Verlag, 2012). Die Erzählung »Der Karneval ist vorbei« stammt aus *À ultima madrugada* (São Paulo: Leya, 2012). © João Paulo Cuenca 2012

Andréa del Fuego, 1975 in São Paulo geboren, arbeitet momentan für die TV-Literatursendung *Entrelinhas*. Sie hat mehrere Kinderbücher und Kurzgeschichten veröffentlicht. Ihr Debütroman *Os malaquias* gewann 2011 den Prêmio José Saramago und erscheint im Herbst 2013 in deutscher Übersetzung im Hanser Verlag. »Camping Calamares« findet sich im Original in der Anthologie *Escritores escritos* (Rio de Janeiro: Editora Floral, 2010). © Andréa del Fuego 2010

Laura Erber, 1979 in Rio de Janeiro geboren, wo sie als bildende Künstlerin, Schriftstellerin und Universitätsdozentin für die Theorie des Theaters lebt und arbeitet. Zuletzt veröffentlichte sie das »virtuelle Buch« *Bénédicte vê o mar* (2011, www.editoradecultura.com.br). Auf Deutsch erschienen ist *Körper und Tage* (Merz-Solitude, 2006). Ihre Erzählung ist ein Originalbeitrag für diese Anthologie. © Laura Erber 2012

Ferréz, Jahrgang 1975, lebt in São Paulo. Nicht nur in seinen Romanen wie *Manual prático do ódio* (2003) und zuletzt *Deus foi almoçar* (2012), sondern auch in seiner stark vom Hip-Hop beeinflussten Musik verarbeitet er das Leben seiner »Nachbarn« an der Peripherie der Riesenstadt. Sein Anthologiebeitrag erschien erstmals in dem Erzählband *Ninguém é inocente em São Paulo* (Rio de Janeiro: Objetiva, 2006). © Ferréz 2006

João Filho, Jahrgang 1975, lebt als Lyriker und Erzähler in Salvador, Bahia. Auf Deutsch liegt von ihm ein Beitrag zu der Anthologie *Mehr als Bücher. Anthologie mit Texten von Kartonbuchautoren* (PapperLaPapp 2009) vor. Sein Beitrag hier stammt aus dem Erzählband *Ao longo da linha amarela* (Salvador: P55 Edições, 2009). © João Filho 2009

Katherine Funke, Jahrgang 1981, arbeitet als Journalistin und Schriftstellerin in Salvador, Bahia. Sie betreibt den Blog http://historiasdakatherine.wordpress.com. Die vorliegende Erzählung wurde erstmals 2012 in der elektronischen Monatszeitschrift *Balaio de Notícias* veröffentlicht. © Katherine Funke 2012

Daniel Galera, 1979 in São Paulo geboren, hat als Übersetzer Texte von Zadie Smith, Irvine Welsh und Hunter S. Thompson ins Portugiesische übertragen. Bisher hat er vier Romane verfasst, unter anderem *Mãos de cavalo* (2006) und *Barba ensopada de sangue* (2012), der auf Deutsch bei Suhrkamp erscheinen wird. »Laila« ist ein bisher unveröffentlichter Originalbeitrag. © Daniel Galera 2011

Cecília Giannetti, 1976 in Rio de Janeiro geboren, schreibt für mehrere brasilianische Zeitungen wie *O Globo* und *Folha de S. Paulo*. 2007 veröffentlichte sie ihren Debütroman *Lugares que não conheço, pessoas que nunca vi*. Sie betreibt den Blog http://escrevescreve.wordpress.com/. »Brasilien spielt« stammt im Original aus der Anthologie *O Brasil não existe! Ficções e canções* (São Paulo: Publifolha, 2010). © Cecília Giannetti 2010

Michel Laub, 1973 in Porto Alegre geboren, ist Journalist und Schriftsteller. Die Literaturzeitschrift Granta zeichnete ihn 2012 als einen der 20 wichtigsten jungen brasilianischen Autoren aus. Er hat fünf Romane veröffentlicht, darunter den preisgekrönten *Diário da queda* (2011). Dieser erscheint 2013 im Klett-Cotta Verlag. Seine Erzählung »Der Mann am Strand« ist hingegen ein unveröffentlichter Originalbeitrag. © Michel Laub 2008

Adriana Lisboa, 1970 in Rio de Janeiro geboren, schreibt Prosa und Lyrik. Ihr Debütroman *Sinfonia em branco* gewann 2001 den renommierten Prêmio José Saramago und erscheint 2013 auf Deutsch im Aufbau Verlag. Ihr Beitrag *Das Jahr in Rishikesh* erschien im Original in der Anthologie *Granta Vol.* 10 (Rio de Janeiro: Alfaguara 2012). © Adriana Lisboa 2012

Ricardo Lísias, Jahrgang 1975, lehrt Brasilianische Literatur an der Universität São Paulo. Für seine vier Romane, unter anderem *O Livro dos mandarins* (2009), hat er mehrere Auszeichnungen erhalten. 2012 wurde er wie João Paulo Cuenca und Michel Laub auf die Granta-Bestenliste gewählt. »Physiologie der Einsamkeit« erschien erstmals 2010 (Rio de Janeiro: Espectro Editorial). © Ricardo Lísias 2010

Santiago Nazarian, 1977 in São Paulo geboren, hat mehrere Romane, darunter *Feriado de mim mesmo* (2005), verfasst. 2007 wurde er als einer der 39 wichtigsten lateinamerikanischen Schriftsteller unter 39 Jahren auf das Hay Festival eingeladen. »Ich bin das Mädchen auf diesem Schiff« stammt aus dem Erzählband *Pornofantasma* (Rio de Janeiro: Record 2011). © Santiago Nazarian 2011

Carola Saavedra, 1973 in Chile geboren, studierte in Deutschland und lebt heute als Schriftstellerin in Rio de Janeiro. Sie hat drei Romane veröffentlicht, auf Deutsch erscheint 2013 *Landschaft mit Dromedar* (C.H. Beck). Die vorliegende Erzählung stammt im Original aus der Anthologie *Liberdade até agora* (Rio de Janeiro: Móbile, 2005). © Carola Saavedra 2005.

Tatiana Salem Levy, 1979 in Lissabon geboren, lebt in Rio de Janeiro. Neben ihrer eigenen schriftstellerischen Tätigkeit arbeitet sie als Übersetzerin. Sie hat zwei Romane verfasst, ihr Debüt *A chave de casa* (2007) gewann unter anderem den Prêmio São Paulo. »Zu weit weg« wird hier zum ersten Mal veröffentlicht. © Tatiana Salem Levy 2013

Leandro Salgueirinho, geboren 1974 in Niterói, lebt als Musiker in Rio de Janeiro. Der promovierte Literaturwissenschaftler veröffentlichte den Erzählband *Pressentimento do umbigo* (Rio de Janeiro: 7Letras, 2003). Aus diesem stammt auch sein Anthologiebeitrag »Versuchsanordnung Nr. 5«. © Leandro Salgueirinho 2003

Veronica Stigger, 1973 in Porto Alegre geboren, lehrt Kunstgeschichte an der Universität São Paulo. Sie hat mehrere Bücher veröffentlicht, darunter den Roman *O trágico e outras comédias* (2003). Ihr vorliegender Beitrag ist die titelgebende Erzählung der Sammlung *Os anões* (São Paulo: Cosac Naify, 2010).

Joca Reiners Terron, Jahrgang 1968, war Lektor des unabhängigen Verlags *Ciência do acidente*. Er hat mehrere Romane veröffentlicht, unter anderem *Do fundo do poço se vê a lua* (2010), der den wichtigen Prêmio Machado de Assis gewann. Seine Erzählung in dieser Anthologie erschien im Original in der Sammlung *Curva de rio sujo* (São Paulo: Planeta 2003).

Paloma Vidal, 1975 in Buenos Aires geboren, lehrt Literaturtheorie an der Universität in São Paulo. Sie hat zwei Romane veröffentlicht, zuletzt *Mar azul* (2012). Ihr Anthologiebeitrag stammt aus ihrem Erzählband *Mais ao sul* (Rio de Janeiro: Editora Língua Geral 2008).

Timo Berger, geboren 1974 in Stuttgart, ist Autor und Übersetzer. Für den Verlag Klaus Wagenbach hat er bereits 2010 die Anthologie *Asado verbal. Junge argentinische Literatur* mit herausgegeben sowie unter anderem Edgardo Cozarinsky und Javier Fernández de Castro ins Deutsche übertragen. Seit 2006 leitet er zusammen mit Rike Bolte das mobile lateinamerikanische Poesiefestival latinale. Timo Berger lebt in Berlin.

Brasilien bei Wagenbach

Graciliano Ramos Karges Leben

Im dürren Landesinneren des brasilianischen Nordostens zieht der Viehhirte Fabiano von einem Ort zum nächsten – immer auf der Suche nach Arbeit, immer in Sorge um seine Familie, die ihn auf seiner Wanderschaft notgedrungen begleitet, und immer mit der vergeblichen Hoffnung, sein Los würde sich eines Tages zum Besseren wenden.

Aus dem brasilianischen Portugiesisch von Willy Keller
WAT 703. 144 Seiten

Rachel de Queiroz Die drei Marias

Rachel de Queiroz hat mit »Die drei Marias« einen der besten und kurzweiligsten Frauenromane der brasilianischen Literatur geschrieben. Bereits 1939 erschienen, bereitete er den Grund für die emanzipatorischen Romane Clarice Lispectors.

Aus dem brasilianischen Portugiesisch von Ingrid Führer
WAT 704. 176 Seiten

João Guimarães Rosa Miguilim

João Guimarães Rosa, der wichtigste Romancier Brasiliens des 20. Jahrhunderts, hat mit »Miguilim«, dem Auftakt zu seinem großartigen Romanzyklus »Corps de ballet«, eines der bis heute populärsten Bücher des Landes verfasst.

Aus dem brasilianischen Portugiesisch von Curt Meyer-Clason
WAT 705. 144 Seiten

João Ubaldo Ribeiro Sargento Getúlio

»Sargento Getúlio« ist ein sprachliches Meisterwerk, ein großartiger innerer Monolog seines obrigkeitshörigen und überforderten Titelhelden, der sich zum Handlanger eines stumpfsinnigen Regimes macht.

Aus dem brasilianischen Portugiesisch von Curt Meyer-Clason
WAT 706. 176 Seiten